Maria Radziwon

Das neue Hausbuch

für die ganze Familie

Maria Radziwon

Das neue Hausbuch

für die ganze Familie

RITUALE

GESCHICHTEN

TIPPS

BASTELIDEEN

IM KIRCHENJAHR

benno

Zur Orientierung finden Sie im Buch folgende Symbole

Bastelideen aller Art

basteln mit Nadel und Faden

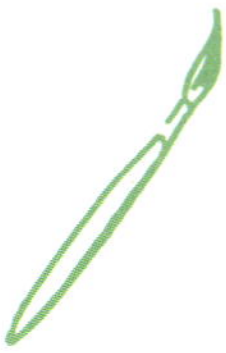

basteln und gestalten mit Farbe

basteln und gestalten mit Pflanzen

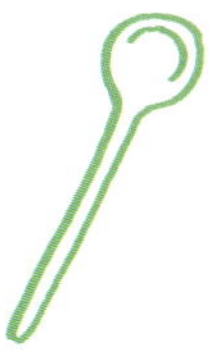

Rezepte zum Kochen und kalte kulinarische Ideen

Rezepte zum Backen

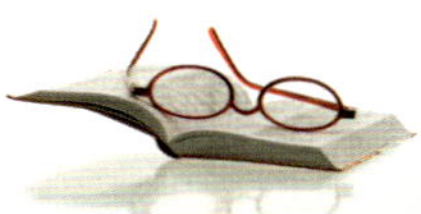

Geschichten und Legenden zum Vorlesen

Inhalt

Rituale neu entdecken 8

Tageskreis 11

Familienzeiten im Alltag 12

Gemeinsam essen 13

Familienkerze 14

Jahreskreis 15

Familienfeste 16

Symbole des Glaubens 16

Gebet 17

Unternehmungen 23

Lebenskreis 25

Lebenskreis in der Familie (Geburtstage, Namenstage) 27

Lebenskreis im Glauben (Sakramente) 35

Jahreskreis 49

Weihnachtsfestkreis 52

Advent 54

Den Weg auf Weihnachten hin gemeinsam gestalten 55

Besondere Tage im Advent 59

Woche für Woche im Advent 75

Die Krippe und biblische Erzählungen im Advent 87

Weihnachten 92

Heiliger Abend 93

Die Weihnachtsfeiertage 105

Ein neues Jahr mit Gottes Segen beginnen 108

Epiphanie – Fest der Hl. Drei Könige 114

Zeit im Jahreskreis 118

Maria Lichtmess 119

Hl. Blasius 120

Faschingszeit 121

Hl. Valentin 125

Osterfestkreis 130

Frühlingszeit im Jahreskreis 131

Aschermittwoch 133

Osterweg/Fastenzeit 136

Oster- und Frühlingsaktivitäten mit Kindern 143

Palmsonntag und Karwoche 161

Ostersonntag 180

Ostermontag 183
Marienmonat Mai 184
Christi Himmelfahrt 188
Muttertag/Vatertag 189
Pfingsten 195

Zeit im Jahreskreis 202

Sommerzeit im Jahreskreis 203
Dreifaltigkeitssonntag 209
Fronleichnam 210
Hl. Johannes 212
Herz-Jesu-Fest 215
Ferienzeit 218
Mariä Himmelfahrt 229
Schutzengelsonntag 233
Regentage im Sommer 236

Herbstzeit im Jahreskreis 238
Erntedank 243
Allerheiligen 249
Allerseelen 252
Hl. Martin 254
Hl. Elisabeth 260
Christkönigssonntag 263

Winterzeit im Jahreskreis 264

Rituale neu entdecken

Für eine Familie bringt jeder Tag Herausforderungen mit sich. Gerade dann, wenn der „ganz normale Wahnsinn des Alltags“ überhandnimmt, können kleine Zeichen das Leben als Familie entspannen und zu einer ruhigen Mitte führen.

Jeder Tag kann durch vermeintliche Kleinigkeiten eine besondere Tiefe erlangen. Das Ernstnehmen des Gegenübers, das miteinander Essen und Trinken, das Entzünden einer Kerze am Esstisch und das Kreuz an der Wand erinnern daran, dass wir nicht allein unterwegs sind. Jeder **Tageskreis** ist getragen und begleitet, als Familie mit- und füreinander, aber auch im Wissen um den Einen, der uns alle miteinander trägt, wohin der Alltag uns auch führt.

Jede Familie kennt ihre eigenen Feste und Rituale. Manches wurde schon über Generationen weitergetragen, anderes kann neu entstehen. Geburts- und Namenstage zeigen das Wiederkehren von Ereignissen im Rhythmus der Jahre.

Der Glaube begleitet den **Lebenskreis** mit Zeichenhandlungen in den Sakramenten. Es sind dies besondere und bewegende Momente im Leben einer Familie, und sie sind getragen vom Vertrauen auf Gott.

Der **Jahreskreis** zeigt, wie sehr die ganze Schöpfung in einen großen Rhythmus eingebunden ist und wie wertvoll das Feiern von Festen, die Pflege von Traditionen und Ritualen in der Familie sein kann. Jede Zeit im Jahr kennt besondere Tage, einzelne Feste, aber auch Wochen der Vorbereitung auf große Ereignisse. Traditionen sind leer, verlieren an Reiz und werden als Belastung empfunden, wenn Hintergründe unbekannt sind oder in Vergessenheit geraten. Es ist wichtig, den

Sinn und die Geschichte besonderer Zeiten zu kennen, um sie für sich und die Familie (neu) zu entdecken. Die Texte der Bibel können daran erinnern, welche Botschaft das Brauchtum trägt. Zahlreiche Bastelanleitungen, Rezepte, Lieder, Spiele und andere Anregungen in diesem Buch helfen bei der Gestaltung der besonderen Zeiten im **Jahreskreis**.

Einfache Bastelarbeiten für kleine Kinderhände, aufwändigere Dekoration für besondere Anlässe, Impulse für die Vorbereitungszeit auf große Feste im Jahreskreis, gemeinsames Kochen und Backen, vielleicht auch nur das Vorlesen einer Heiligenlegende oder das Betrachten von einzelnen Bildern zur Entwicklung eigener Ideen ... das neue Hausbuch soll der ganzen Familie Freude bereiten, sie durch das Jahr begleiten, inspirieren und die Wertschätzung für jeden einzelnen Tag spürbar werden lassen.

Familienzeiten im Alltag

Familienkerze

Gemeinsam essen

Jahreskreis

Familienfeste

Symbole des Glaubens

Gebet

Unternehmungen

TAGESKREIS

Familienzeiten im Alltag

In der heutigen Zeit ist es nicht immer einfach, bewusst **Familienzeiten** zu gestalten. Das Arbeitsleben, Stundenpläne in der Schule und Verpflichtungen in der Freizeit erfordern oft ein beachtliches Maß an Flexibilität und Einsatzbereitschaft. Und doch ist es wichtig, immer wieder und vor allem **regelmäßig** als Familie zusammenzukommen und wirklich im wahrsten Sinne des Wortes **gemeinsam auf dem Weg** zu sein. Schon in der Bibel heißt es: „Wo zwei oder drei in meinem Namen versammelt sind, da bin ich mitten unter ihnen." (Mt 18,20) Gerade in Zeiten des Einzelkämpfertums ist es wichtig, sich dem entgegenzusetzen und bewusst der Gemeinschaft einen großen Stellenwert einzuräumen. Gerät das Zusammensein als Familie nämlich in Vergessenheit, ist es schwierig, dies wieder – ohne Druck – neu zu beleben. Es ist wichtig, Kindern von Anfang an zu zeigen: „Wir gehören zusammen. Wir lieben einander und sind füreinander da. Wir können gemeinsam lachen. Wir streiten auch. Aber wir versöhnen uns auch wieder und können einander verzeihen. Wir essen miteinander, spielen und haben Aufgaben, die es zu erledigen gilt. Wir sind eine **Familie.**"

Auf den ersten Blick sind diese Dinge vielleicht nichts Außergewöhnliches, vielleicht erscheinen sie sogar selbstverständlich – und doch ist es wichtig, sie bewusst zu leben: gemeinsam zu essen, einander zuzuhören, miteinander zu beten, zu trauern, zu feiern … all das ist Christsein im Alltag. Kleine Zeichen können zusätzlich helfen, sich auf das Wesentliche zu besinnen, wenn wieder einmal zu viel rundherum geschieht und man gar nicht mehr weiß, wo man seine Aufmerksamkeit zuerst hinwenden soll: ein Kreuz an der Wand, eine Kerze am Küchentisch, die Bibel im Wohnzimmer, das Blatt mit den Gottesdienstzeiten in der Gemeinde mit dem Magneten auf dem Kühlschrank … oft sind es Kleinigkeiten, die aber einen großen Unterschied machen können. Es geht aber nicht darum, den eigenen Glauben zu präsentieren. Vielmehr geht es darum, sich im Alltag kleine Oasen zu schaffen, die Kraft schenken und daran erinnern, dass wir auf unserem Lebensweg nicht alleine sind, sondern auf Hilfe und Unterstützung vertrauen dürfen. Vor allem für Kinder ist ein Kreuz oder Schutzengel an der Wand Anlass, um Fragen zu stellen, was die Chance birgt, über den Glauben ins Gespräch zu kommen.

Gemeinsam essen

Auch wenn es für berufstätige Eltern und schulpflichtige Kinder schwierig ist: Das gemeinsame Essen ist mehr als nur Symbolhandlung. Es ist die Zusammenkunft der ganzen Familie, eine Möglichkeit sich auszutauschen, miteinander ins Gespräch zu

kommen, Probleme „auf den Tisch zu bringen“ und auch zu genießen. Vielleicht, wenn es während der Woche kaum machbar ist, am Wochenende: das Mittagessen am Sonntag als etwas Besonderes erleben, das für alle wichtig ist und klar bedeutet: Am Sonntag essen wir zusammen, da gibt es keine wichtigeren Vereinbarungen. Der Sonntag „gehört der Familie“. Auch wenn jeder ausschlafen möchte und nicht jedes Familienmitglied für den Besuch der Sonntagsmesse zu begeistern ist: Zu Mittag versammeln wir uns alle um den Tisch, beten, essen, sprechen und genießen miteinander.

Familienkerze

Eine Kerze markiert immer wieder einen Mittelpunkt. Menschen versammeln sich um sie, beten bei ihr oder genießen einfach die Stimmung, die sie schafft. Eine Kerze am Familientisch, wo gemeinsam gegessen, getrunken, geredet und vielleicht auch gestritten wird, markiert auch einen Mittelpunkt. Sie kann auf den hinweisen, der uns durch unser Leben trägt und unsere gemeinsame Mitte ist, auch wenn wir einmal nicht einer Meinung sind. Eine Kerze kann natürlich gekauft werden, aber auch als kleines Familienprojekt miteinander gestaltet werden. Der Fantasie sind dabei keine Grenzen gesetzt. Mit größeren Kindern können verschiedene Motive gestaltet werden, kleinere Helfer können aus Wachs kleine Kugeln formen und die Kerze damit bunt gestalten. Die „Mitte“ kann ein Kreuz wahrscheinlich am deutlichsten ausdrücken, in verschiedenen Farben gestaltet, ganz schlicht oder auch von bunten Wachskreationen der Kinder umgeben. Am sichersten ist es, die Kerze in ein großes, weites Glas zu stellen. So kann sie im Trubel beim Essen oder Spielen nicht umgestoßen werden und bleibt geschützt. Es gibt im Laufe des Jahreskreises immer wieder Gelegenheiten, eine neue Kerze der Zeit gemäß zu gestalten (Ostern, Weihnachten ...).

Jahreskreis

Auch das Feiern von Festen im Kirchenjahr, vielleicht in Verbindung mit besonderen Speisen, ist ein Anlass, um bewusst ein Zeichen zu setzen für das miteinander Unterwegssein: in der Fastenzeit zum Beispiel nur am Sonntag Fleisch zu genießen oder am Weihnachtsfest eine kleine Familientradition entstehen zu lassen (oder aus der eigenen Familie zu übernehmen) mit besonderen Speisen und Ritualen, vielleicht am Gründonnerstag der alten Tradition zu folgen und eine grüne Speise vorzubereiten oder am Fest der hl. Elisabeth gemeinsam die Vogelfutterstelle zu füllen. Eine Möglichkeit, um das Miterleben des Jahreskreises immer wieder ins Gedächtnis zu rufen ist, einen eigenen Platz im Haus zu schaffen, der besonders dekoriert werden kann, beispielsweise mit traditionellen Symbolen. Es kann sich dabei um einen kleinen Tisch oder eine Kommode im Wohnzimmer oder in der Diele handeln, auch eine breitere Fensterbank ist möglich. An diesem Platz kann in der Osterzeit der zuerst kahle Osterstrauch stehen, der nach und nach bunter wird und neben dem allerhand andere Dekorationsstücke auch Platz finden. In der Weihnachtszeit kann es der Barbarazweig sein oder der Adventskranz, vielleicht auch die selbstgebastelten Laternen aus dem Kindergarten am Martinsfest usw. – all dies sind kleine Dinge, die aber in den Alltag hineinwirken.

Familienfeste

Jede Familie kennt ihre ganz eigenen Feste: Geburtstage und Namenstage, aber auch das Willkommensfest für ein neugeborenes Kind. Die Sakramente der Taufe, Erstkommunion und Firmung werden als Familie gefeiert, oft mit Gästen. Gemeinsam zu feiern bedeutet, eine gemeinsame Geschichte zu haben und somit auch Erinnerungen, die geteilt werden. Gerade in schwierigen Lebensphasen, wenn Krankheit oder Zweifel den Alltag begleiten, kann das bewusste Feiern von Familienfesten und von Festen im Jahreskreis Halt geben und in einen Lebensrhythmus hineinnehmen, der nicht nur in der Gestaltung dieses Tages Bedeutung hat, sondern hineinwirkt in das ganze Jahr und Leben.

Symbole des Glaubens

Symbole des Glaubens beeinflussen die Atmosphäre im Heim der Familie. Symbole helfen dabei, den Glauben im Alltag umzusetzen: Sie erinnern, erleichtern das Gebet, lassen ins Gespräch kommen oder helfen beim Ruhigwerden inmitten der Alltagshektik. Ein Kreuz an der Wand beim Esstisch, über dem Bett oder ein Schutzengelbild im Kinderzimmer, vielleicht ein kleiner Weihwasserbrunnen neben der Haustür, aus dem etwas Weihwasser genommen werden kann, wenn jemand aus der Familie einen Weg antritt (dies kann auch „nur" der Schulweg sein) und man ihn mit einem kleinen Kreuz auf der Stirn segnet – aber auch die Halskette mit dem Kreuzanhänger, der Adventskranz in der Weihnachtszeit oder der Palmbuschen in der Fastenzeit: Symbole weisen auf den Glauben hin und können so Hilfen im Alltag darstellen.

Gebet

Das Gebet vor dem Essen oder ein Dank nach dem Essen, das Beten vor dem Zubettgehen mit den Kindern oder am frühen Morgen beim Frühstückstisch: vieles ist denkbar. Vielleicht täglich, möglicherweise aber auch nur manchmal. Wichtig ist, dass das Gebet Platz im Leben findet und Kinder wie Erwachsene spüren: Wir sind nicht allein, wir dürfen uns vertrauensvoll an Gott wenden – wir wissen uns begleitet und sind dankbar dafür. Eine Kerze anzuzünden, kann Ruhe schaffen und auf das Gebet einstimmen. In der Adventszeit sorgen die Kerzen am Adventskranz für die passende Atmosphäre für ein Gebet, während des Jahres vielleicht eine schlichte (oder selbstgebastelte) Kerze am Küchentisch oder ein Kreuz an der Wand, auf das während des Tages immer wieder einmal der Blick fällt. Gebet ist ein Gespräch mit Gott, das in aller Stille stattfinden kann, aber auch als Stoßgebet während der Zubereitung des Essens, beim Wechseln der Autoreifen oder beim Bügeln.

Gebete für den Tag

Danke, Gott, für diesen Morgen,
danke, dass du bei mir bist.
Danke für die guten Freunde
und dass du mich nie vergisst.
Danke für die Zeit zum Spielen,
für die Freude, die du schenkst,
und dass du an dunklen Tagen
ganz besonders an mich denkst.

Guter Gott, du hast mir zwei gesunde Hände gegeben.
Ich danke dir.
Ich kann damit vieles machen.
Mit meinen Händen kann ich:
das Kreuzzeichen machen,
ein Segelboot falten,
Knetmasse spielen,
Fahrrad fahren,
Sand spielen,
jemandem helfen.
Mit meinen Händen kann ich auch Schlimmes tun.
Manchmal tue ich dabei jemandem weh.
Das tut mir leid. Verzeih mir.
Guter Gott, danke für meine Hände.
Ich will auf sie aufpassen und Gutes damit tun.
Amen.

Wo ich gehe, wo ich stehe,
bist du, lieber Gott, bei mir.
Wenn ich dich auch niemals sehe,
weiß ich dennoch, du bist hier.

Danke für diesen guten Morgen

Text und Melodie: Martin Gotthard Schneider

2. Danke, für alle guten Freunde, danke, o Herr, für jedermann,
 danke, wenn auch dem größten Feinde ich verzeihen kann.

3. Danke, für meine Arbeitsstelle, danke für jedes kleine Glück,
 danke, für alles Frohe, Helle und für die Musik.

4. Danke, für manche Traurigkeiten, danke, für jedes gute Wort,
 danke, dass Deine Hand mich leiten will an jedem Ort.

5. Danke, dass ich Dein Wort verstehe, danke, dass Deinen Geist Du gibst,
 danke dass in der Fern' und Nähe Du die Menschen liebst.

6. Danke, Dein Heil kennt keine Schranken, danke, ich halt' mich fest daran,
 danke, ach Herr, ich will Dir danken, dass ich danken kann.

Gebete zum Essen

Komm, Herr Jesus, sei unser Gast
und segne, was du uns bescheret hast.

Jedes Tierlein hat sein Essen,
jedes Blümlein trinkt von dir,
hast auch unser nicht vergessen,
lieber Gott, hab Dank dafür. Amen.

Du gibst uns, Herr, durch Speis und Trank
Gesundheit, Kraft und Leben.
So nehmen wir mit Lob und Dank
das, was du jetzt gegeben.
Amen.

Gottes Liebe ist so wunderbar

T: mündlich überliefert, M: Spiritual

2. Gottes Güte ist so wunderbar …

3. Gottes Gnade ist so wunderbar …

4. Gottes Treue ist so wunderbar …

5. Gottes Hilfe ist so wunderbar …

Gerade bei jüngeren Kindern sind Lieder beliebt, die mit Bewegungen verbunden sind. Dieses Lied kann mit ganz einfachen Gesten begleitet werden (sich strecken für „so hoch“, tief niederhocken bei „so tief“, Hände ausbreiten für „so weit“ etc.). An einem Regentag zu Hause oder draußen im Freien beim Spaziergang durch den Wald: Singen und Bewegen machen immer Spaß. Und wie sagte schon der hl. Augustinus? „Wer singt, betet doppelt.“

Gebete zum Abend

Müde bin ich, geh' zur Ruh,
schließe meine Augen zu.
Herr, lass die Augen dein
über meinem Bettchen sein.
Amen.

Nun bin ich müde, der Tag war lang.
Für alles sage ich Dank.
Lieber Gott, ich bitte dich:
beschütze Mama, Papa,...
und auch mich.

Gott, der du heute mich bewacht,
beschütze mich auch diese Nacht.
Du sorgst für alle, groß und klein,
drum schlaf' ich ohne Sorgen ein.
Amen.

Tagesrückblick

Still werden.
Den Atem spüren.
Mich in Gottes Gegenwart stellen.
Gott um einen ehrlichen Blick bitten.
Auf den Tag schauen.
Dort verweilen, wo ich angesprochen bin
Dank für alles, was gut war.
Bitte um Verzeihung für alles Ungute.
Meine Pläne für morgen Gott anvertrauen.
Vaterunser beten.

nach Ignatius von Loyola

Unternehmungen

Das Leben als Familie besteht zu einem großen Teil aus Alltag: Arbeit, Schule, Haushalt, Hobbys, Freundeskreis ... und dabei tut es gut, manche Tage bewusst anders zu gestalten: ein Ausflug, ein Restaurantbesuch, eine Reise, Wandern oder Radfahren, vielleicht auch gemeinsam eine Pilgerschaft unternehmen. Besondere Tage bereichern das Leben und stärken das Bewusstsein, als Familie gemeinsam unterwegs zu sein. Auf einer Reise gemeinsam eine Kirche zu besuchen, in ihr für das gesunde Miteinander zu danken, kann einem Urlaub eine besondere Tiefe verleihen. Das bewusste Wahrnehmen der Schönheit der Schöpfung, das ehrliche Interesse aneinander und das Gefühl von Zusammengehörigkeit können durch gemeinsame Unternehmungen gefestigt werden.

Lebenskreis in der Familie

Lebenskreis im Glauben

LEBENSKREIS

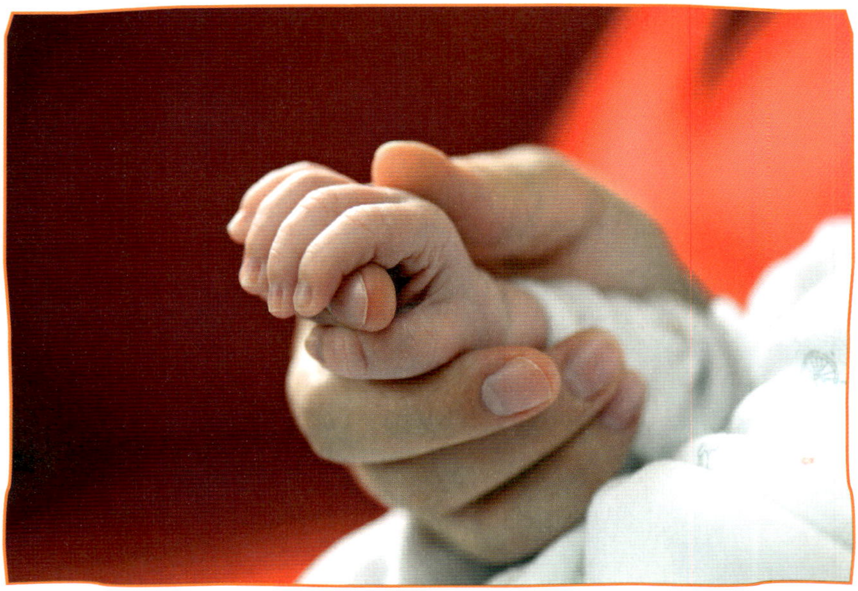

Jedes Leben kennt die Wiederholung, den Rhythmus des Lebens. Die Natur zeigt in ihren Jahreszeiten den Wandel des Lebens, aber auch die Beständigkeit in der Wiederholung. Nach dem Winter mit seiner Ruhe und Starre erwacht das Leben neu. Diese Energie zeigt sich in seiner ganzen Pracht in der Blüte, setzt sich fort im Entstehen der Früchte und dem Wachsen und Gedeihen im Sommer. Der Herbst ist eine Zeit des Übergangs, in der vieles zur Reife kommt und geerntet werden kann, andererseits aber auch die Endlichkeit allen Lebens bewusst wird: die Blätter fallen, Pflanzen verdorren, es wird kühler ...

Im menschlichen Leben kann man Ähnliches beobachten. Aus dem scheinbaren Nichts entsteht neues, kräftiges Leben. Das langsame Entwickeln eines kleinen Menschenlebens, das Erwachen von Interessen und neuen Fähigkeiten, die sich im Erwachsenenalter oft erst so richtig entfalten können, erinnern an den Frühling und Sommer mit all ihrer Vielfalt. Das Altern macht die Endlichkeit des Lebens bewusst, kleine und größere Beschwerden treten auf, die Kräfte werden weniger, es kehrt wieder mehr Ruhe in den Rhythmus des Lebens ein, bevor es einschläft und übergeht in einen Bereich, der für Menschen nur schwer fassbar ist, aber vom Glauben und der Hoffnung getragen wird.

Der Mensch lebt in der Schöpfung, ist Teil davon und lebt ihren Rhythmus mit dem des eigenen Lebens mit. Es tut gut, die Jahreszeiten bewusst wahrzunehmen und sie auch zu gestalten, sodass sie fühlbar und erlebbar werden. Die Feste, Traditionen und Rituale mancher Zeiten können Halt geben, aber natürlich auch einengen. Es ist wichtig, den eigenen Gefühlen nachzuspüren und mit einem ehrlichen und offenen

Blick auf den Lauf des **Jahreskreises** und des gesamten **Lebenskreises** zu sehen. Das Leben und Erleben der Feste im Jahreskreis in all seiner Vielfalt lebt auch vom Wissen. Eine Tradition, die nachvollzogen wird, weil es „so üblich" ist, ist eine leere Tradition. Sie wird schnell als Belastung und einengend empfunden. Das Wissen um Hintergründe verändert manches. Alle Feste im Jahreskreis entstammen dem Leben der Menschen, haben mit den Sorgen, Ängsten, Freuden und dem Glück zu tun, die dem Menschen immer wieder aufs Neue begegnen. Rituale und Traditionen aus dem Leben zu verstehen, ihre Hintergründe zu entdecken und ihren Sinn für sich persönlich zu entdecken, macht das bewusste Leben und Gestalten des Jahreskreises zu einer Bereicherung.

Lebenskreis in der Familie

In jeder Familie gibt es besondere Tage, die an ein bestimmtes Ereignis erinnern. Meist handelt es sich dabei um Geburts- oder Hochzeitstage, oft bleiben aber auch jene Momente in Erinnerung, die das Leben in seinen Grundfesten erschüttert haben, die Trauer und Verzweiflung mit sich brachten. Jede Familie, jeder Mensch kennt besondere Tage, die immer wieder in Erinnerung kehren. Es ist wichtig, ihnen Platz zu geben und Raum für Gefühle zu lassen: miteinander ins Gespräch zu kommen über vergangene Tage, sie zu bedenken und in Ehren zu halten, genauso wie ausgelassen und fröhlich zu feiern, sich zu freuen.

Geburtstage

Der Geburtstag ist ein Fest, an dem man sich freut, dass die gefeierte Person geboren wurde mit all ihren Besonderheiten. Es ist schön, in der Familie ein eigenes Ritual zu entwickeln, das an den Geburtstagen für jedes Familienmitglied wiederholt wird. Dies kann eine bestimmte Dekoration sein, ein besonderes Lied, die vielen Kerzen am Geburtstagskuchen oder das Kochen einer bestimmten Lieblingsspeise. Es sind oft kleine Dinge, die den Geburtstag zu etwas Besonderem machen – und auch, wenn sich so mancher kleine Herzenswunsch mit einem Geschenk erfüllen lässt, die Freude und Dankbarkeit der Familie für das eigene Dasein zu spüren, ist etwas, das mit nichts anderem aufgewogen werden kann.

Viel Glück und viel Segen

Text und Melodie: Werner Gneist © by Bärenreiter-Verlag, Kassel

Geburtstagswimpelkette

Was benötigt wird:

- Baumwollstoff in mehreren verschiedenen Farben
- Bastelfilz
- Schrägband

Wie es gemacht wird:

Aus dem Bastelfilz werden die Buchstaben für „Glückwunsch“ ausgeschnitten (am einfachsten ist es, am Computer in einer großen Schrift die einzelnen Buchstaben auszudrucken, auszuschneiden und dann als Schablone auf dem Stoff zu verwenden). Danach werden farblich passende Wimpel in ausreichender Größe in Form eines gleichschenkligen Dreiecks zurechtgeschnitten (für jeden Buchstaben je eine Vorder- und Rückseite). Auf die Vorderseite der Wimpel wird der Filzbuchstabe aufgenäht und dann die Vorder- und Rückseite rechts auf rechts schmalkantig abgesteppt, das obere Ende bleibt frei. Danach werden die Wimpel gewendet und gut gebügelt. In richtiger Reihenfolge aneinander geordnet werden die Wimpel zwischen die beiden Stoffteile eines in der Mitte gefalteten Schrägbandes mit Nadeln gesteckt und anschließend genäht.
Diese Wimpelkette kann bei jedem Geburtstag (oder anderen Anlass) aufgehängt werden.

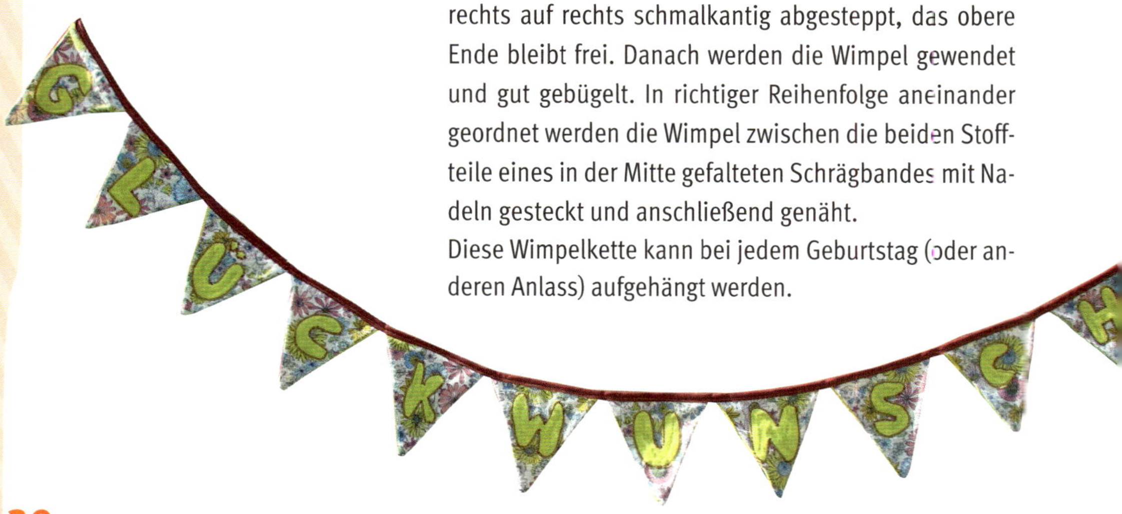

Filz-Geburtstagswunsch

Aus dickem Bastelfilz werden die einzelnen Buchstaben der Wörter „Happy Birthday" ausgeschnitten (am besten mit einem Cutter-Messer) und auf einen starken Faden (Perlgarn) aufgefädelt. Dieser Geburtstagswunsch kann am Ehrentag ins Fenster gehängt werden.

Geburtstagskrone

In vielen Familien ist es üblich, dem Geburtstagskind eine Krone aufzusetzen. Damit sie für alle Familienmitglieder passend ist, kann sie mit einem Klettband versehen werden, sodass sie größenverstellbar ist. Natürlich ist es auch möglich, für jeden eine eigene Krone zu machen.

Was benötigt wird:

- Bastelfilz (gelb)
- Klettband
- Stickgarn

Wie es gemacht wird:

Aus dem doppelt genommenen Bastelfilz wird eine Krone von etwa 50 cm Länge ausgeschnitten. Diese wird dann von Hand mit Schlingstich an den Rändern gesäumt und evtl. bestickt. Danach wird das Klettband mit einer Hälfte an der Außenseite und mit der anderen Hälfte an der Innenseite der Kronenunterseite aufgenäht.

Einfache Festtagskarte

Was benötigt wird:

- Doppelkarte
- Stoffreste

Wie es gemacht wird:

Aus den Stoffresten werden kleine Dreiecke zurechtgeschnitten und mit der Nähmaschine wie eine kleine Wimpelkette auf die Karte genäht. Dies ist eine Arbeit, die sogar schon jüngere Kinder – unter Aufsicht – gut bewältigen können. In ähnlicher Weise kann ein Geschenkpapierband hergestellt werden: Aus den Stoffresten werden kleine Wimpel zurechtgeschnitten und miteinander an der Nähmaschine mit jeweils einigen Zentimetern Abstand vernäht (d. h. zwischen den Wimpeln befindet sich einfach der Faden).

Kinderwagenkette für die Kleinsten

Gerade bei sehr kleinen Kindern ist es oft schwierig, Geschenke zu finden. Eine schöne Möglichkeit ist es, gemeinsam mit älteren Geschwistern etwas für die Allerkleinsten zu ihrem besonderen Tag zu fertigen.

Was benötigt wird:

- Stoffreste
- Füllwatte
- Perlgarn
- Holzperlen

Wie es gemacht wird:

Aus den Stoffresten werden 3-4 Herzen jeweils zwei Mal zugeschnitten. Dann werden die Stofflagen rechts auf rechts gelegt und mit der Nähmaschine zusammengenäht, lediglich eine kleine Öffnung bleibt zum Wenden bestehen. Nach dem Wenden werden die Herzchen mit Füllwatte gefüllt und die kleine Öffnung von Hand zugenäht. Danach werden im Wechsel einige Holzperlen und die einzelnen genähten Herzchen auf dickeres Perlgarn gefädelt. Anfang und das Ende der Kinderwagenkette werden gut mit einer Perle verknotet, sodass sich keine Holzperlen von der Schnur lösen können.

Geburtstags-Eierlikör

Was benötigt wird:

- 5 Eidotter
- 250 g Staubzucker
- 1 Päckchen Vanillezucker
- 200 ml Milch
- 250 ml Sahne
- 200 ml Alkohol (Wodka, Kornbrand o.ä.)

Wie es gemacht wird:

Der Zucker wird mit dem Dotter sehr schaumig geschlagen, danach werden Milch, Sahne und Alkohohl hinzugefügt und alles auf niedriger Stufe miteinander vermixt. Nach dem Abfüllen muss der Eierlikör im Kühlschrank gelagert werden und kann pur, aber auch zu Eis oder anderen Desserts genossen werden. Es ist auch möglich, eine Teilportion für Kinder herzustellen, d.h. den Alkohol einfach wegzulassen. Dieser Kinder-Eierlikör hält sich allerdings nur kurze Zeit im Kühlschrank!

Vom Feiern

Vor allem bei Geburtstagen von Kindern stellt sich immer wieder die Frage nach dem „Wie". Während größere Kinder immer wieder Freunde aus Kindergarten oder Schule einladen und mit ihnen einen Nachmittag bei gutem Essen (z. B. auch Grillen im Sommer oder Fondue im Winter) und viel Spiel und Spaß verbringen möchten, ist das Feiern mit sehr kleinen Kindern oft schwierig.

Auch wenn der Besuch der Großeltern, Paten oder anderer Freunde schön ist und Wertschätzung für das gefeierte Kind zeigt, so ist es manchmal auch eine Überforderung und das Kind sehr schnell überreizt und müde. Vielleicht gibt es die Möglichkeit, einen kleinen Ausflug zu machen. Dies bedeutet nicht, dass man ein großes Ziel wie einen Zoo oder eine Almhütte vorhaben muss, aber es geht um das gefeierte Kind: Je kleiner es ist, umso mehr Ruhe und Zeit braucht es zum Entdecken aller

Besonderheiten. So kann ein Namens- oder Geburtstag Anlass dafür sein, sich für einen Feldweg besonders viel Zeit zu lassen: Jeder Löwenzahn kann gepustet, die Lieblingspuppe mitgetragen und die Jause mitten im Grünen genossen werden. Auch wenn es vielleicht für ältere Geschwister nicht einfach ist, geduldig zu bleiben, so lernen auch sie mit diesem ganz einfachen Weg des Feierns, die eigenen Bedürfnisse etwas zurückzustecken und wirklich darauf zu achten, was dem Gefeierten gut tut.

Namenstage

Früher wurde dem Namenstag viel mehr Bedeutung beigemessen als dem Geburtstag. Der Tag des Heiligen, auf dessen Namen man getauft war, wurde in besonderen Ehren gehalten. Der Gedanke, dass der Namenspatron den Täufling auf seinem Lebens- und Glaubensweg begleitet und beschützt, stand dabei im Mittelpunkt. Es war auch üblich, mehrere Taufnamen zu geben, um dem neugeborenen Kind eine Vielzahl an Beschützern zur Seite zu stellen.

Heute hat der Namenstag mehr und mehr an Bedeutung verloren, vielleicht auch deshalb, weil viele Namen in Abwandlungen verwendet werden und es oft nur schwer erkennbar ist, welcher Heilige als Schutz- und Namenspatron gilt. Dennoch lohnt es sich, sich wieder auf die Bedeutung eines Lebensbegleiters zu besinnen und den Tag hervorzuheben, an dem dieser Heilige und mit ihm der Mensch, der dessen Namen trägt, gefeiert wird. Es geht dabei aber nicht um eine Art „Zusatzgeburtstagsfest“, sondern viel mehr um das Gedenken, das mit kleinen Ritualen begleitet werden kann. So kann beispielsweise eine Wimpelkette mit dem Namen des Feiernden aufgehängt werden oder eine besondere Namenskerze angezündet werden. Auch das Anzünden der Taufkerze am Namenstag hat Tradition, weil es an den Tag erinnert, an dem der Name in der Taufe gegeben wurde. Ein Blumenstrauß am Tisch, ein festliches Frühstück, ein besonderes Mittagessen, ein Kuchen ... vieles ist denkbar, um den Namenstag vom üblichen Alltag abzuheben.

Namenswimpelkette

Was benötigt wird:
- festes Bastelpapier in verschiedenen Farben
- Locher
- Schnur

Wie es gemacht wird:
Aus dem festen Bastelpapier werden so viele Fähnchen ausgeschnitten, wie für den Namen benötigt werden, anschließend die Buchstaben darauf aufgemalt oder ebenfalls aus buntem Papier ausgeschnitten und aufgeklebt. Danach werden die Wimpel an der oberen Seite an beiden Rändern gelocht und ein Faden durchgezogen.

Namenstasse

Was benötigt wird:
- Tasse
- Tafelfarbe
- Klebestreifen

Wie es gemacht wird:
Auf der Tasse wird ein Bereich abgeklebt (am besten ein Rechteck oder Quadrat), der innere Bereich mit Tafelfarbe bemalt und gut getrocknet. Danach können die Klebestreifen abgezogen und mit Kreide der Name auf die Tasse geschrieben werden. Ähnlich können auch Glasflaschen oder Krüge bemalt werden.

Geschichte des Namenspatrons

Es ist gut, ein Nachschlagewerk über die Heiligen und die Bedeutung der verschiedenen Namen zu haben. Darin kann am Namenstag geblättert und noch einmal daran erinnert werden, wer der Namenspatron war. Auch gibt es Bilder und Kinderbücher zu den einzelnen Heiligen, die an diesem Tag vorgelesen werden können. Für Kinder ist es besonders interessant zu erfahren, warum ihre Eltern genau diesen Namen für sie ausgewählt haben.

Dies ist auch ein guter Gedanke, wenn Eltern nach einem Namen für ihr noch ungeborenes Kind suchen: Was bedeutet der Name? Aus welcher Sprache kommt er? Welche Personen aus der Geschichte trugen diesen Namen?

Einem Kind einen Namen zu geben, bedeutet mehr, als einem bloßen Modetrend zu folgen oder sich von Stars inspirieren zu lassen. Schon beim Propheten Jesaja steht „Ich habe dich bei deinem Namen gerufen, du bist mein …“ (Jes 43) – jedes Kind ist auch Gottes Kind. Mit dem Namen vertrauen die Eltern das Kind Gott an und erbitten den Schutz seines Fürsprechers, des Namenspatrons.

Lebenskreis im Glauben

Der Glaube begleitet jeden Menschen von Anfang an, das Vertrauen auf Gott und sein Wirken in unserem Leben wird mit Festen und Ritualen begleitet. Jede Religion kennt ihre Traditionen, um den Menschen im Leben zu begleiten, ihm Halt und Struktur auf seinem Glaubensweg zu geben. Christen sprechen von der Gegenwart Gottes in den Sakramenten; sie sind Zeichen seiner Liebe und Zuneigung zu uns Menschen. Jeder Lebensabschnitt kennt Rituale, so beginnt in den meisten Fällen das Leben als Christ mit der Taufe schon im Säuglingsalter. Einige Jahre später folgt das Sakrament der Eucharistie, das in der Erstkommunion gefeiert wird – die Firmung rundet die „initiativen Rituale" ab. Mit dem Sakrament der Firmung gilt ein Jugendlicher als mündig in seinem Glauben und trägt die Verantwortung für die Gestaltung seines Lebensweges. Das Sakrament der Buße zeigt Auswege aus der Schuld und lässt die Barmherzigkeit Gottes spüren. Das Sakrament der Ehe bestärkt Paare auf ihrem gemeinsamen Lebensweg, wie auch das Sakrament der Priesterweihe auf einem anderen Lebensweg bestärkt, der Gott geweiht ist. Das Sakrament der Krankensalbung steht meist am Ende des Lebensweges, kann aber auch in schweren Tagen der Krankheit Hoffnung geben und Gottes Beistand in schwerer Zeit in einem Zeichen fühlbar machen. Normalerweise kann jedes Sakrament nur ein Mal empfangen werden, lediglich das Sakrament der Buße, der Eucharistie und auch der Krankensalbung kann mehrmals im Leben gespendet werden.

Taufe

Die Taufe ist ein Zeichen der Zugehörigkeit zu Christus. Auch wenn es die Erwachsenentaufe gibt, so ist doch die Taufe eines Kleinkindes am weitesten verbreitet. Der Glaube steht im Mittelpunkt der Taufe, muss vom Täufling bekannt werden. Bei einem Kind übernehmen dies die Eltern und Paten und versprechen damit, ihr Kind im Glauben an Jesus Christus zu erziehen und im Leben zu begleiten.

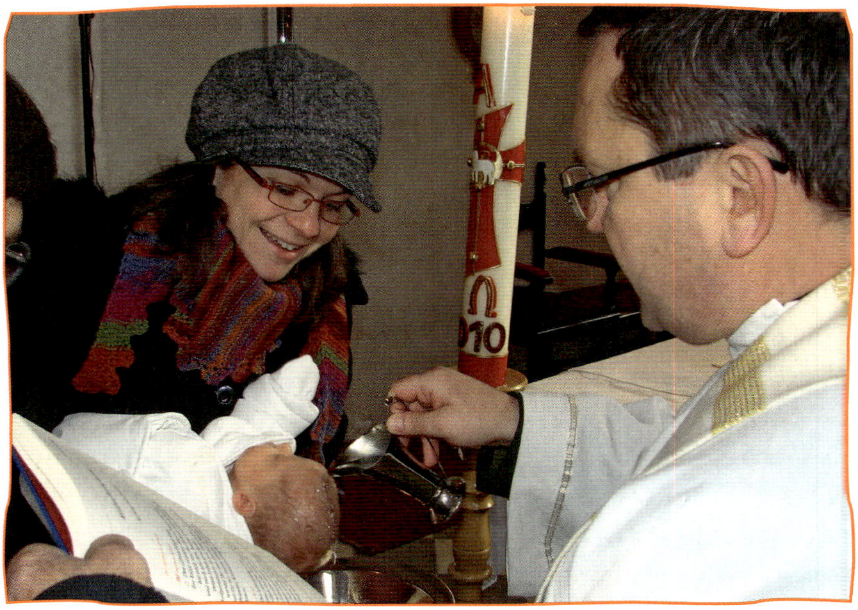

Die Feier der Taufe

Der Grundgedanke der Taufe ist die Aufnahme des Täuflings in die Gemeinschaft der Gläubigen. Deshalb ist es, vor allem bei Erwachsenentaufen, üblich, die Taufe im Rahmen eines Gottesdienstes zu spenden, insbesondere in der Osternacht. Häufig gibt es jedoch Tauffeiern auch in kleinem Rahmen zu anderen Zeitpunkten. In diesem Fall beginnt die Tauffeier, indem der Täufling mit dem Kreuz bezeichnet wird. Anschließend werden Lesungen und das Evangelium (oft von der Taufe Jesu) gelesen und die Heiligen um ihren Beistand angerufen, sowie das Fürbittgebet gesprochen. Danach wird in einem Segensgebet für das Kind um Schutz vor allem Bösen gebetet und das Taufwasser geweiht. Nach der Absage an alles Böse folgt das Glaubensbekenntnis, und der Taufritus beginnt, bei dem der Täufling „im Namen des Vaters, des Sohnes und des Heiligen Geistes“ getauft und mit dem Taufwasser übergossen wird. Danach wird der Täufling als Zeichen seiner Zugehörigkeit zu Christus mit Chrisam gesalbt. Das weiße Kleid als Zeichen der Neuerschaffung durch die Taufe und das Licht der Taufkerze, die an der brennenden Osterkerze entzündet wird, leuchten als Zeichen für Christus als Licht der Welt. Es folgt der „Effata-Ritus“, bei dem in einem Segensgebet Ohren und Mund des Täuflings berührt werden als Zeichen für seine Bereitschaft, das Wort Gottes aufzunehmen und zu bekennen. Die Feier der Taufe schließt mit dem Vaterunser und einem Segen.

Patenamt

Das Amt des Paten bedeutet, dem Täufling Weggefährte im Leben und besonders auch in Glaubensfragen zu sein. In vielen Gegenden ist es üblich, dass der Pate dem Patenkind zu ein, zwei Gelegenheiten im Laufe eines Jahres ein kleines Geschenk bereitet (Geburtstag, Weihnachten, Ostern oder auch zu Allerheiligen).
Ein Pate soll dem Täufling als Begleiter im Glauben zur Seite stehen, deshalb ist es wichtig, dass er selbst der Kirche angehört, getauft und gefirmt ist und im Leben der Kirche verankert ist, außerdem ist ein Mindestalter von 16 Jahren erforderlich. Es ist auch möglich, zwei oder mehrere Paten dem Täufling zur Seite zu stellen. Der Pate begleitet das Kind auch bei seiner Erstkommunion und eventuell sogar noch bei der Firmung (obwohl bei dieser auch ein anderer Pate vom Firmling gewählt werden kann).

Taufkerze

Die Taufkerze erinnert an die Osterkerze und weist auf Christus, das Licht der Welt. Diese Kerze kann als Erinnerung am Tauftag oder Namenstag angezündet werden. Sie begleitet den Täufling durch sein ganzes Leben. Bei der Erstkommunion tragen die Kinder die Kerzen zum Altar und bekennen ihren Glauben an Jesus Christus. Am Ende des Lebens brennt diese Kerze oft noch beim Sarg. Es ist eine Kerze, die Hoffnung schenken kann in dunklen Tagen des Lebens und auch einen Weg weisen kann in Zeiten der Ausweglosigkeit.

Denn der Herr hat seinen Engeln befohlen, dass sie dich behüten auf allen deinen Wegen, dass sie dich auf den Händen tragen und du deinen Fuß nicht an einen Stein stoßest. (Ps 91, 11–12)

Ich habe deinen Namen in meine Hand geschrieben. (Jes 49,16)

Taufkleid/Taufschal

Die weiße Farbe des Kleides steht für die Reinheit und das neue Leben. In gewisser Weise wird der Täufling durch die Taufe zu einem neuen Menschen. An diese Neuwerdung erinnert später auch bei der Erstkommunion das weiße Kleid.
Manchmal wird statt eines weißen Kleides ein Taufschal über das Kind gelegt, als Symbol für dieses weiße Kleid mit seinem Zeichen der Reinheit.

Geschenke zur Taufe

Die Taufpaten schenken traditionell eine Halskette mit einem Schutzengel- oder Kreuzanhänger. Bei der Tauffeier wird diese Kette vom Priester gesegnet. Manchmal wird auf die Rückseite des Anhängers der Name des Kindes eingraviert und sein Geburts- bzw. Taufdatum.
Großeltern, Verwandte und Freunde können – neben direkt geäußerten Wünschen der Eltern – dem Kind Zeichen des Glaubens schenken. Kreuze oder kleine Weihwasserbrunnen zum Aufhängen im Kinderzimmer, Erinnerungsalben oder auch ein Buch oder Bild des Namenspatrons sind beliebte Geschenke.

Segne dieses Kind

Text: Lothar Zenetti, © Strube Verlag, München
Melodie: Eva Hagen, Feldkirch

2. Segne dieses Kind und hilf uns, ihm zu helfen,
dass es hören lernt mit seinen eignen Ohren:
auf den Klang seines Namens, auf die Wahrheit der Weisen,
auf deine Sprache der Liebe und das Wort der Verheißung.

3. Segne dieses Kind und hilf uns, ihm zu helfen,
dass es greifen lernt mit seinen eignen Händen:
nach der Hand seiner Freunde, nach Maschinen und Plänen,
nach dem Brot und den Trauben und dem Land der Verheißung.

4. Segne dieses Kind und hilf uns, ihm zu helfen,
dass es reden lernt mit seinen eigenen Lippen:
von den Freuden und Sorgen, von den Fragen der Menschen,
von den Wundern des Lebens und dem Wort der Verheißung.

5. Segne dieses Kind und hilf uns, ihm zu helfen,
dass es gehen lernt mit seinen eigenen Füßen:
auf den schönen Straßen der Erde, aber auch auf den mühsamen Treppen,
auf den Wegen des Friedens in das Land der Verheißung.

6. Segne dieses Kind und hilf uns, ihm zu helfen,
dass es lieben lernt mit seinem ganzen Herzen.

Das Familienfest

Es ist wichtig, sich vor der Taufe gut zu überlegen, wie man dieses Fest in der Familie feiern möchte. Gerade bei einer großen Familie ist es schwierig zu entscheiden, wer eingeladen wird und wer nicht. Wichtig ist, sich beim Fest wohl zu fühlen. Ein kleines Kind steht im Mittelpunkt der Feier, dessen Bedürfnis nach Vertrautheit und Ruhe nicht vergessen werden darf. Es muss kein großes Mahl aufgetischt werden, ein gemütliches Beisammensein bei Kaffee und Kuchen kann völlig ausreichen. Um die Eltern zu entlasten, wäre es eine Hilfe, wenn die Großeltern (so sie in der Nähe wohnen) oder die Paten das Fest vorbereiten und die Taufe so zu einem geruhsamen Fest für Eltern und Kind werden kann.

Erstkommunion

Die Erstkommunion ist mit dem Sakrament der Eucharistie verbunden, die gemeinsam mit der Taufe und der späteren Firmung zu den Eingliederungssakramenten der Kirche gehört. Im Grundschulalter werden die Kinder im Rahmen eines Erstkommunionunterrichts in der Pfarrgemeinde, oft in Zusammenarbeit mit dem Religionsunterricht in der Schule, auf dieses Fest vorbereitet. Vor dem ersten Empfang der Kommunion wird in der Regel das Sakrament der Buße bei einer Erstbeichte empfangen. Für die Kinder ist dieses Fest ein besonderes Ereignis, bei dem sie von der ganzen Pfarrgemeinde gefeiert und begleitet werden.

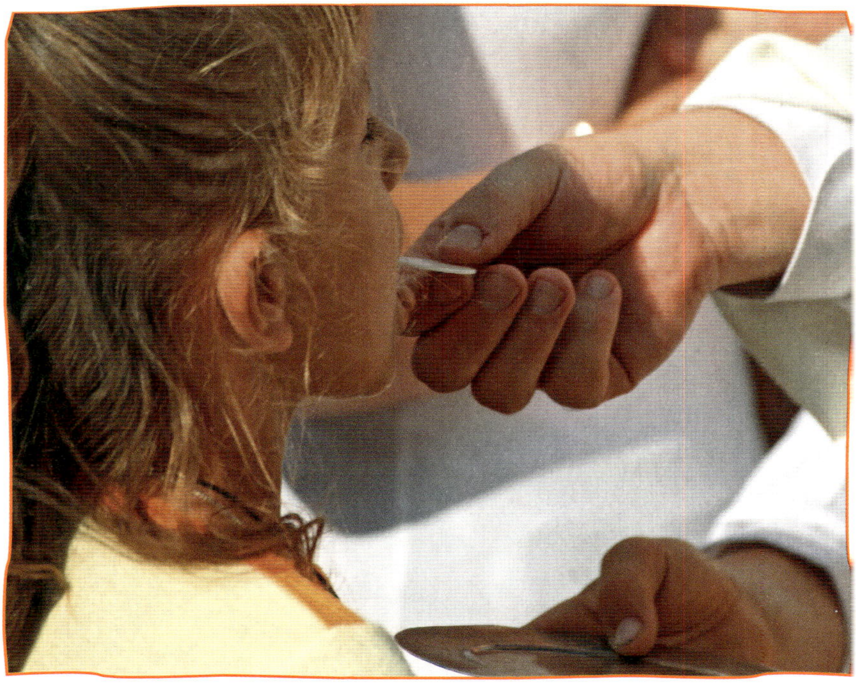

Im Anschluss an den Gottesdienst mit Gästen zu feiern, ist eine schöne Tradition. Häufig wird auch ein besonderer Ausflug unternommen, der diesem Festtag besondere Bedeutung verleiht. Nach diesem Fest ist es schön, wenn die Familie den Gottesdienst immer wieder besucht, um gemeinsam die Kommunion empfangen zu können und den Kontakt zum eigenen Glauben, zur Kirche, aber vor allem auch zur Gemeinschaft der Gemeinde zu vertiefen.

Brot

Bei der Vorbereitung auf das Erstkommunionfest spielt vor allem das Brot eine große Rolle. Oft wird in den Stunden dieser Zeit gemeinsam Brot gebacken oder es kann die Entstehung einer Hostie beobachtet werden. Der Bericht vom letzten Abendmahl begleitet die Kinder in dieser Zeit oft intensiv, und die Symbolsprache des Brotes als Nahrungsmittel, aber gleichzeitig auch das Bewusstsein, dass niemand vom Brot allein leben kann, sondern dass man vor allem auch Liebe braucht, macht das Verständnis für die Kommunion im Gedächtnis an Jesus Christus leichter.

Taufkerze

Bei der Feier der Erstkommunion wird das Taufgelöbnis erneuert – es ist das erste Mal, dass die Kinder ihren Glauben und ihre Zugehörigkeit zur Kirche selbst bezeugen können. Dazu wird die Taufkerze angezündet, und oft begleitet der Pate sein Taufkind zum Altar in Erinnerung an die Taufe, bei der die Eltern und Paten stellvertretend für das Kind den Glauben bezeugt haben.

Erstkommunionkleid

Auch das Kleid der Erstkommunion erinnert an die Taufe: Das weiße Kleid erinnert an den Anfang des bezeugten Glaubens und symbolisiert die Reinheit und das Werden zu einem neuen Menschen durch die Taufe. In vielen Gemeinden tragen alle Kinder eine Albe, sodass auch die Jungen ein weißes Kleid tragen.

Geschenke zur Erstkommunion

Die Erstkommunion ist ein Fest, das den eigenen Glaubensweg bekräftigt und begleitet. Geschenke zur Erstkommunion sind traditionell Kinderbibeln, Gebetbücher, ein Rosenkranz oder auch ein Kreuzanhänger für die Halskette, bei der zur Taufe ein Schutzengelanhänger geschenkt wurde. Im Wesentlichen lebt die Feier der Erstkommunion aber vom gemeinsamen Feiern und von der Freude an diesem besonderen Tag im Kreise der Familie, begleitet von Freunden und Verwandten.

Das Familienfest

Es bietet sich an, nach dem Gottesdienst gemeinsam Mittag zu essen. Viele Familien besuchen dafür ein Restaurant. Wenn viele Kinder unter den Gästen sind, kann man bei schönem Wetter aber auch gemeinsam eine kurze Wanderung unternehmen und unterwegs picknicken oder einen Ort wählen, wo Kinder spielen und die Erwachsenen trotzdem ruhig plaudern können.

Sakrament der Buße

In der Regel wird das Sakrament der Buße vor der Erstkommunion zum ersten Mal empfangen und kann im Laufe des Lebens ohne Begrenzung in Anspruch genommen werden. Auch wenn in der heutigen Zeit das Bedürfnis an Beichtgesprächen deutlich abgenommen hat, so ist der Gedanke, all seinen Kummer, seine Sorgen und seine Schuld offen auszusprechen und alles Gesagte geschützt im Beichtgeheimnis zu wissen, heilvoll. Das Bekennen des eigenen Schuldigwerdens, das Aussprechen von Gefühlen dazu und das Bereuen dieser Taten wirkt nach innen. Die Vergebung Gottes, die Lossprechung von all diesen Fehlern vom Priester im Namen Jesu Christi zugesagt zu bekommen, gibt Mut zu einem Neuanfang. Diese Chance auf einen neuen Beginn ohne die Last in der Vergangenheit begangener Schuld ist etwas, das dem Leben neue Orientierung geben kann und Mut macht, sein Leben fortan bewusst und mit Rücksicht zu leben.

Jemanden, dem wir Unrecht angetan haben, um Verzeihung zu bitten, wird zu einer guten Beichte jedoch meist dazugehören, kann durch diese nicht ersetzt werden. Schuld einzugestehen ist schwierig, und auch um Vergebung zu bitten kann einige Überwindung kosten, jedoch ist es wichtig, um auch miteinander Frieden zu finden.

Pflanze/Kaktus des Neubeginns

Auch wenn das innere Gefühl, das sich nach einem guten, offenen und ehrlichen Beichtgespräch bemerkbar macht, vielleicht ausreichend ist, so tut es doch gut, ein äußerlich sichtbares Zeichen zu setzen für den Neubeginn. Eine Pflanze kann diesen Neubeginn sehr gut symbolisieren. Ein sehr deutliches Symbol kann ein Kaktus sein. Er lässt sich einerseits auch bei mäßiger Pflege nicht leicht unterkriegen, andererseits zeigt er genau das, was das Sakrament der Buße bedeutet: Trotz aller Widrigkeiten und Stacheln dürfen wir weiterwachsen und auf unserem Lebensweg weitergehen und bekommen immer wieder neue Gelegenheit, zu grünen oder vielleicht sogar Blüten zu bilden.

Sakrament der Firmung

Die Firmung gehört neben der Taufe und Erstkommunion zu den Sakramenten, die in die Kirche eingliedern. Die Firmung wird älteren Jugendlichen gespendet, denen damit die Eigenverantwortung für die Gestaltung ihres Glaubenslebens übertragen wird. Im Mittelpunkt der Vorbereitung auf dieses Sakrament stehen christliche Grundfragen und das Wirken des Heiligen Geistes, der schon die Jünger Jesu ermutigt hatte, ihren Glauben offen zu zeigen und in aller Welt zu verkünden. Die Feier der Firmung wird von drei Symbolhandlungen geprägt: die Handauflegung durch den Firmspender und den Paten, die Salbung mit Chrisam (die an die Taufe erinnert) und die Besiegelung durch das Kreuz. Für die Firmung kann der Firmling einen Paten auswählen. Es ist auch möglich, den Taufpaten für dieses Amt zu bitten.

Heiliger Geist

Der Heilige Geist mit seinen sieben Gaben gilt als das verbreitetste Symbol für die Firmung. Die sieben Gaben Weisheit, Einsicht, Rat, Stärke, Erkenntnis, Frömmigkeit und Gottesfurcht sollen den jungen Christen als Orientierung bei seinen Lebensentscheidungen unterstützen und bei der Unterscheidung zwischen Gut und Böse

behilflich sein. Der Heilige Geist ist jene Kraft, die dem Glauben Feuer verleiht, weshalb oft auch Flammen in Zusammenhang mit der Firmung und dem Heiligen Geist (in Erinnerung an die Geschehnisse zu Pfingsten) dargestellt werden.

Aus dem Baumstumpf Isais wächst ein Reis hervor ... Der Geist des Herrn lässt sich auf ihm nieder: der Geist der Weisheit und der Einsicht, der Geist des Rates und der Stärke, der Geist der Erkenntnis und der Gottesfurcht. (Jes 11,1–2)

Geschenke zur Firmung

Das Sakrament der Firmung gilt als Abschluss der Eingliederung in die kirchliche Gemeinschaft, weshalb sehr oft „bleibende“ Geschenke in Betracht gezogen werden. Manchmal sind dies Schmuckstücke oder eine Uhr, aber auch eine Ikone oder ein Kreuz, das später einmal in die eigene Wohnung mitgenommen werden kann. Auch eine Bibel in einheitlicher Übersetzung oder in jugendlicher Sprache, ein Jugendkatechismus oder Gebetbücher für junge Menschen können wertvolle Geschenke sein.

Sakrament der Ehe

Eine Partnerschaft bewusst ein ganzes Leben miteinander eingehen zu wollen, dieser Wunsch ist in der heutigen Zeit deutlich seltener geworden. Viele Eltern bleiben rechtlich und kirchlich gesehen ungebunden, selbst wenn sie in einem Haushalt leben und vielleicht sogar Kinder miteinander großziehen. Bewusst „JA“ sagen zu können zum Partner, dies auch vor mehreren Menschen, vor Gott und mit einer Unterschrift zu tun, bedeutet für viele Menschen eine große Hemmschwelle. Zu groß ist die Angst vor Versagen, vor einer Trennung oder Schwierigkeiten, die sich durch diese Festlegung ergeben könnten. Dabei könnte das Sakrament der Ehe auch als Bestärkung verstanden werden: Gott sagt seine Unterstützung zu, gibt seinen Segen zu diesem gemeinsamen Lebensweg und bestärkt beide Partner in ihrem Ja zueinander.

Ehering

Der Ehering ist das weitverbreitetste Symbol für die Ehe. Bei der Feier der Hochzeit werden diese Ringe einander angesteckt und mit dem Versprechen verbunden, einander in guten wie auch in schlechten Zeiten in Liebe und Treue verbunden zu bleiben. Dieser Ring, der in seiner Form keinen Anfang und auch kein Ende erkennen lässt, ist ein äußerlich sichtbares Zeichen für die Verbundenheit mit einem bestimmten Menschen.

(Name), ich nehme dich an als meine Frau/
meinen Mann.
Ich will dich lieben, achten und ehren alle Tage
meines Lebens,
in guten wie in bösen Tagen, in Gesundheit
und Krankheit, solange ich lebe.
Trag diesen Ring als Zeichen meiner Liebe und
Treue,
im Namen des Vaters, des Sohnes und des
Hl. Geistes. Amen.

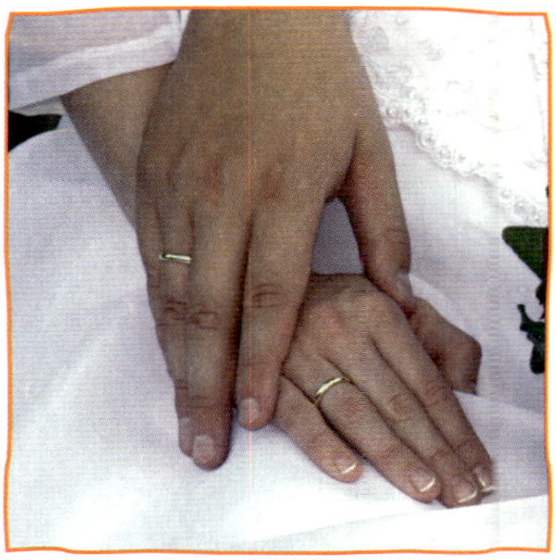

Die Hochzeitskerze

Viele Paare entzünden bei der Hochzeit eine besondere Kerze. Sie wird während der Trauungsmesse vom Priester gesegnet und soll dem Paar Begleitung auf dem gemeinsamen Lebensweg sein. Christus, das Licht, ist bei diesen beiden: an guten und an schlechten Tagen. An jedem Hochzeitstag kann man die Kerze neuerlich entzünden und gemeinsam Rückschau halten, einander danken oder gemeinsam mit den Kindern das Album mit den Bildern von der Hochzeit betrachten.

Sakrament der Priesterweihe

Das Sakrament der Priesterweihe wird Menschen gespendet, die sich dazu berufen fühlen, ihr Leben ganz und gar Gott und dem Dienst am Nächsten zu widmen. Ein Theologiestudium, der Eintritt in einen Orden oder ins Priesterseminar, das Bekennen zu einem Leben im Zölibat, d. h. der Ehelosigkeit – es ist kein einfacher Lebensweg. Das Sakrament der Priesterweihe weist aber auf etwas Wichtiges hin: der Berufung zu folgen. Viele Menschen spüren ganz genau, was ihrem Leben gut tut und welcher Lebensweg der „richtige" wäre, lassen diese Gedanken aber aus Bequemlichkeit oder Angst nicht zu. Gerade auch der Schritt zu einem Leben mit Familie, das Bekennen zu einem Partner für das ganze Leben oder das Gestalten des gemeinsamen Lebensweges als Christen bedürfen Mut und bedeuten Ähnliches, nämlich, der Berufung zu folgen und nicht dem Trend der Zeit.

Sakrament der Krankensalbung

Neben dem Sakrament der Eucharistie und der Buße kann auch die Krankensalbung mehrmals im Leben empfangen werden. Sie ist einerseits als Stärkung in Tagen der Krankheit gedacht, soll aber auch Trost und Zuversicht spenden, wenn das Sterben näher scheint als das Leben. Bei der Krankensalbung wird der Erkrankte mit Öl gesalbt, er kann das Sakrament der Buße empfangen und der Eucharistie. In früheren Zeiten wurde die Krankensalbung auch als „letzte Ölung" bezeichnet, was aber missverständlich ist, da eine Krankensalbung nicht unbedingt den baldigen Tod des Erkrankten bedeuten muss, sondern durchaus als Stärkung auf einem längeren Leidensweg empfunden werden kann.

Weihnachtsfestkreis

Advent

Weihnachten

Zeit im Jahreskreis

Osterfestkreis

Frühlingszeit

Zeit im Jahreskreis

Sommerzeit

Herbstzeit

Winterzeit

JAHRESKREIS

Selbstgestalteter Jahreskreis

Vor allem für Kinder ist es schwierig, sich den Lauf eines Jahres vorzustellen und die Feste darin zeitlich einzuordnen. Dabei ist das Wahrnehmen der Ganzheit etwas, das es erleichtert, den Blick nicht nur auf ein einzelnes Ereignis zu richten, sondern auch anderes wahrzunehmen.

Eine schöne Möglichkeit, sich als Familie bewusst mit dem Jahreskreis auseinanderzusetzen, ist es, einen solchen gut sichtbar gemeinsam zu gestalten. Dieser ist etwas aufwändiger in der Herstellung, kann dann aber jahrelang immer wieder verwendet werden. Am Beginn eines neuen Jahres, aber auch während des Jahres immer wieder, hilft er so, den Blick für das Ganze nicht zu verlieren.

Was benötigt wird:

- Tonpapier im Format A3:
  - 3 x blau (Winter)
  - 3 x orange (Frühling)
  - 3 x rot (Sommer)
  - 3 x braun (Herbst)
- Natur-Kalenderbilder oder großformatige Postkarten und Fotos passend zu den einzelnen Jahreszeiten und Monaten
- großer Bogen Packpapier, Bleistift und Schnur

Wie es gemacht wird:

An einem ausreichend großen Platz wird ein Kreis auf einen Bogen Packpapier gezeichnet. Dies gelingt am besten, wenn ein Bleistift an einer Schnur befestigt wird, die im Mittelpunkt des Papiers befestigt (oder festgehalten) wird. Mit diesem Bleistift wird in voller Länge der Schnur rund um den Mittelpunkt eine Linie gezeichnet. Danach wird die Schnur deutlich gekürzt (um etwa 30 cm) und in die Mitte des ersten Kreises ein zweiter gezeichnet. Der so entstandene „Kreisrahmen" wird in 12 gleich große Abschnitte geteilt, die jeweils ausgeschnitten werden.

Nun werden die einzelnen Abschnitte mit dem farbigen Tonpapier beklebt, wobei jeweils zwei Abschnitte in einer Farbe gehalten sind und je zwei nur zur Hälfte mit der Farbe beklebt werden. Die Farben sind Jahreszeiten zugeordnet und treffen dann so aufeinander wie im Kalender, z. B. symbolisieren auf einem Abschnitt je eine Hälfte blau und orange den Übergang zwischen Winter und Frühling oder rot und braun den Wechsel zwischen Sommer und Herbst.
Wenn alle Abschnitte farblich gestaltet sind, werden die Naturbilder jeweils in die Mitte eines Abschnitts geklebt. Wer die Möglichkeit hat, kann die einzelnen Abschnitte noch laminieren.

Was man damit machen kann:

Der Jahreskreis wird nun in richtiger Abfolge aufgelegt. Die einzelnen Jahreszeiten können gemeinsam besprochen werden (Was gibt es Besonderes? Was ist auf den Bildern zu sehen?) und evtl. können Kärtchen mit den einzelnen Jahreszeiten und Monaten vorbereitet werden, die den einzelnen Bildern zugeordnet werden können.
Es ist für Kinder schön, mit Kerzen markieren zu können, wann der eigene Geburtstag ist und wann die anderen Familienmitglieder Geburtstag haben. Ein Foto, das dazugelegt wird, zeigt, wessen Geburtstag die jeweilige Kerze anzeigt.

Auch andere Symbole können den einzelnen Abschnitten des Jahreskreises zugeordnet werden: Weihnachtskugeln, Glücksschweinchen, Faschingsgirlanden, Blumen, Bilder, bemalte Steine, ... – auch Geschichten über das Jahr können gelesen oder Lieder zu den jeweiligen Zeiten gemeinsam gesungen werden (es macht mehr Spaß als man denkt, mitten im Sommer ein Nikolauslied zu singen!).

Weihnachtsfestkreis

Der Weihnachtsfestkreis beginnt mit dem ersten Adventssonntag und endet mit dem Fest der Taufe des Herrn. Es ist eine Zeit, die mittlerweile sehr von Geschäftssinn und überschwänglicher Dekoration bestimmt ist – jedoch ist es lohnend, sich ganz bewusst darauf zu konzentrieren, was der Ursprung dieses ganzen Trubels ist: die Geburt eines kleinen Kindes in einem Stall in Betlehem. Es war kein großartiges, lautes und von riesigen Geschenken begleitetes Zur–Welt-Kommen Jesu, vielmehr war es ein leises und schlichtes Menschwerden Gottes. Sich von diesem Gedanken im Advent berühren zu lassen und die Zeit bewusst zu erleben, ohne sich von der allgemeinen Hektik rundherum anstecken zu lassen, ist nicht einfach – aber möglich.

Advent

Der Advent ist die Zeit der Vorbereitung auf das Weihnachtsfest. Das Wort Advent leitet sich vom Lateinischen „ad-venire“ ab, was so viel bedeutet wie „Ankunft“ oder „Erwartung“. Und genau das erklärt die Zeit des Advents am besten: Wir erwarten die Ankunft Jesu. Und wir bereiten uns bewusst darauf vor. Jahr für Jahr erinnern wir uns, dass es nicht auf Reichtum und Anerkennung ankommt, sondern dass Wunderbares und Weltbewegendes auch ganz leise beginnen kann, wie vor etwa 2000 Jahren in einem Stall in Betlehem. Gerade für Kinder bringt die Adventszeit einen Zauber mit sich, von dem man sich als Erwachsener gerne anstecken lässt. Kleine Bastelarbeiten, Traditionen in den Adventstagen, das Vorbereiten von Christbaumschmuck oder kleinen Geschenken für liebe Menschen ... vieles ist möglich. Wichtig ist, die Geschichte von Weihnachten im Hinterkopf zu behalten. Es gibt zahlreiche wunderschön illustrierte Bilderbücher zur Weihnachtsgeschichte, und es ist etwas ganz Besonderes, sie in der Adventszeit aus dem Regal zu holen und vorzulesen, frei darüber zu sprechen oder sich von den Kindern diese einfache und doch so besondere Geschichte erzählen zu lassen. Der Adventskranz als Begleiter ist ein schöner Anhaltspunkt, vor allem an den Adventssonntagen, um miteinander ins Gespräch zu kommen, Lieder zu singen oder einfach zu schweigen, zu beten und im Kerzenschein zusammen zu sein.

Den Weg auf Weihnachten hin gemeinsam gestalten

Adventskranz

Der Adventskranz ist ein Begleiter in der gesamten Adventszeit. An jedem der vier Adventssonntage wird eine neue Kerze entzündet, und es bietet sich an, dabei ein kleines Ritual als Familie zu gestalten: gemeinsam ein Lied zu singen, einen Text aus der Bibel zu lesen, gemeinsam zu beten, die Weihnachtsgeschichte zu lesen oder eine andere Geschichte zur Adventszeit gemeinsam hören. Dieses Ritual kann dann täglich abends wiederholt werden oder auch bloß am nächsten Adventssonntag. Es gibt dem Advent jedoch eine besondere Struktur, wenn die Kerze(n) am Adventskranz zum Beispiel jeden Abend nach dem Abendessen entzündet werden.

Schon im Vorfeld kann der Adventskranz selbst hergestellt werden – einerseits kann man den Kranz selbst winden, andererseits kann er auch gekauft werden und nur die Kerzen und sonstige Verzierungen hinzugefügt werden.

Ein ganz einfacher Adventskranz

Aus einem längeren Stück Buchsbaum o. ä. wird ein Kreis gewunden, der gut mit Draht fixiert wird. Anschließend werden vier Christbaumkerzenklipse daran angebracht und vier Christbaumkerzen hineingesteckt. Eine kleine Schleife oder ein Sternchen können als Dekoration dienen.

Adventssterne

Was benötigt wird:

- Ausstecher in Sternenform
- Lufttrocknende Modelliermasse
- Unterlage
- Rollholz

Wie es gemacht wird:

Die Modelliermasse wird ca. 1 cm dick ausgerollt, dann werden mit den Ausstechern lauter Sterne ausgestochen, die am besten auf ein Tablett zum Trocknen (kann einige Tage dauern) gelegt werden. Wenn die Sterne (oder auch andere Formen wie Herzen, Engelfiguren o. ä.) später aufgehängt werden sollen, muss jetzt schon ein Loch mit einem Zahnstocher vorgebohrt werden (gut darauf achten, dass das Loch auch auf der Rückseite groß genug ist, um einen Faden hindurchfädeln zu können). Nach dem Trocknen können die Sterne entweder so belassen werden oder mit Glitzerkleber, Metallic- oder Filzstiften bemalt werden.

Verwendung:

- mit Heißkleber am Adventskranz, Türkranz oder auf einem Stück Holz aufkleben
- mit Goldstift die Zahlen von 1-24 aufschreiben und einen Adventskalender damit gestalten
- als Anhänger am Christbaum, bei Weihnachtgeschenken oder ins Fenster hängen

Adventskalender

Der Adventskalender ist ein Brauch, der in fast jedem Haushalt mit Kindern eine Rolle spielt. Viele Menschen kaufen Kalender mit Bildern, Schokolade, kleinen Büchlein oder anderen Geschenken – meist für jedes Kind (und oft auch Erwachsene) der Familie extra. Eine schöne Idee ist es, einen Adventskalender für die ganze Familie zu gestalten. Er kann einmal hergestellt und dann jahrelang wiederverwendet werden. Jeden Tag kann ein anderes Familienmitglied ein Säckchen öffnen – beim Vorbereiten ist es praktisch zu wissen, wer wann dran sein wird (also eine Reihenfolge festlegen, z. B. zuerst die Kinder vom Jüngsten bis zum Ältesten, Mutter und Vater, dann wieder von vorn) oder die Säckchen werden so gefüllt, dass sie jedem Freude bereiten unabhängig von Alter und Interessen. Sicher können Süßigkeiten, kleine Geschenke oder andere Basteleien in den Säckchen sein – es ist aber auch denkbar (vor allem bei älteren Kindern), eine Botschaft in das Säckchen zu legen: einen Wunsch, eine Aufgabe für den Tag, einen Gutschein ...

Adventskalendersäckchen

Was benötigt wird:

- Baumwollstoff
- Nähutensilien
- Holzwäscheklammern oder goldene Kordel zum Zubinden
- Sterne mit den Zahlen 1-24 (z. B. aus Modelliermasse, siehe Adventskranz!)
- oder Goldfaden zum Aufsticken der Zahlen

Wie es gemacht wird:

24 gleich große Rechtecke zuschneiden, eine lange Seite doppelt umbügeln und mit einer Naht festnähen, dann den Stoff rechts auf rechts in der Mitte falten, unten und seitlich zusammennähen, Säckchen wenden und bei den restlichen Säckchen gleich verfahren.

Am Ende dann die Zahlen von 1 bis 24 entweder aufsticken und mit einer Kordel zubinden oder Sterne mit den Zahlen von 1 bis 24 auf Holzwäscheklammern kleben und mit diesen die gefüllten Säckchen zuklammern.

Wir sagen euch an den lieben Advent

Melodie: Heinrich Rohr
Text: Maria Ferschl

2. Wir sagen euch an den lieben Advent.
Sehet, die zweite Kerze brennt!
So nehmet euch eins um das andere an,
wie euch, der Herr an uns getan.
Freut euch, ihr Christen, freuet euch sehr!
Schon ist nahe der Herr.

3. Wir sagen euch an den lieben Advent.
Sehet, die dritte Kerze brennt!
Nun trag eurer Güte hellen Schein
weit in die dunkle Welt hinein.
Freut euch, ihr Christen, freuet euch sehr!
Schon ist nahe der Herr.

4. Wir sagen euch an den lieben Advent.
Sehet, die vierte Kerze brennt.
Gott selber wird kommen, er zögert nicht.
Auf, auf, ihr Herzen, und werdet licht!
Freut euch, ihr Christen, freuet euch sehr!
Schon ist nahe der Herr.

Besondere Tage im Advent

Es gibt drei Heilige, die im Advent eine Rolle spielen: Barbara, Nikolaus und vor allem in nördlicheren Ländern und in Italien die hl. Lucia. Auch das Fest Maria Empfängnis ist ein wichtiger Feiertag. In Kindergärten und Schulen werden diese Tage oft thematisch behandelt. Vor allem der hl. Nikolaus ist fast überall bekannt und besucht immer wieder Kinder. Es ist oft ein kleines Familienfest, wenn der Nikolaus am Nikolausabend die Kinder besucht und kleine Geschenke bringt. Aber auch die hl. Barbara und die hl. Lucia bieten Anlass, um mit der Familie diesen Tag bewusst zu begehen. Maria Empfängnis wirkt auf den ersten Blick vielleicht nicht besonders einladend, birgt aber eine wunderbare Botschaft für jeden. Es sind vielleicht Kleinigkeiten, die an diesen Tagen im Mittelpunkt stehen, und doch geben sie dem Advent eine neue Dimension: eine kleine Geste mit Wirkung im ganzen Advent.

Hl. Barbara – 4. Dezember

Die hl. Barbara ist eine Jungfrau, Märtyrerin und Heilige des 3. Jahrhunderts, von der historisch aber nichts gesichert überliefert ist. Die Legende rund um ihr Leben und ihr Bekenntnis zum Glauben beeindruckt aber in jedem Fall, da sie zeigt, was Überzeugung bewirken kann.

Legende

Barbara war ein schönes, junges Mädchen. Ihr Vater liebte sie über alles, aber er war auch sehr ängstlich und eifersüchtig. Deshalb sperrte er seine Tochter immer, wenn er verreisen musste, in einen hohen Turm mit zwei Fenstern. Barbara war dort sehr einsam und traurig. Obwohl ihr Vater reich war und sie alles kaufen konnte, was sie wollte, war sie unglücklich. Eines Tages, als ihr Vater von einer Reise heimkam, stellte er fest, dass der Turm plötzlich drei Fenster hatte. Er war sehr verwundert und fragte seine Tochter, warum da plötzlich ein Fenster mehr im Turm war. Sie antwortete: „Vater, ich bin in deiner Abwesenheit Christin geworden. Ich habe von Jesus gehört und möchte ihm folgen. Gott Vater, Gott Sohn und der Heilige Geist sind wichtig für mich. Deshalb sollen drei Fenster im Turm mich immer daran erinnern.“
Barbaras Vater war sehr böse und versuchte alles, um seine Tochter von Christus abzubringen. Er versuchte es mit Geschenken, aber auch mit bösen Drohungen.

Barbara blieb aber standhaft: Sie wollte ihr Leben Jesus widmen. Da wurde ihr Vater zornig und erzählte dem Herrscher, dass seine Tochter Christin war. Damals war es streng verboten, Christ zu sein, und jeder, der sich trotzdem zu Jesus bekannte, wurde grausam getötet. So wurde Barbara gefangen genommen. Auf dem Weg zum Gefängnis blieb ein kleiner Ast von einem Kirschbaum in ihrem Kleid hängen. Barbara stellte den dürren Zweig in ihr Trinkglas mit einigen wenigen Tropfen Wasser darin. Kurz vor ihrem grausamen Tod erblühte der Zweig, und Barbara freute sich daran. Ihr Vater war immer noch sehr böse auf seine Tochter und war sogar dabei, als sie grausam getötet wurde. Nach dieser bösen Tat wurde er von einem Blitz getroffen und starb.

Barbarazweig

Am 4. Dezember wird von einem Obstbaum (meist Kirsche oder Apfel) oder von einem Forsythienstrauch ein Ast abgeschnitten und dann an einem warmen, hellen Platz ins Wasser gestellt. Bis zum hl. Abend sollte der scheinbar leblose Ast zu neuem Leben erwachen und blühen.

Barbaraweizen

Weizenkörner werden auf einem Teller auf feuchtes Küchenpapier o. ä. ausgelegt Wird der Weizen ständig ein wenig feucht gehalten, dann sprießt er bis Weihnachten auf.

Hl. Nikolaus – 6. Dezember

Der hl. Nikolaus ist einer der bekanntesten Heiligen. Die von ihm überlieferten Legenden scheinen eine Mischung aus mehreren historischen Nikoläusen zu sein. Meist wird der hl. Nikolaus als Bischof von Myra beschrieben, der vor allem Kinder mit seinen Gaben am Abend vor dem Nikolaustag besucht und beschenkt. In manchen Gegenden wird der Nikolaus von wilden Wesen (Krampussen) begleitet, die mit ihren Glocken und furchterregenden Masken Kinder zum Gehorsam animieren wollen.

Legende

Der hl. Nikolaus, an den wir uns jedes Jahr am Nikolaustag erinnern, wurde in der Türkei geboren. Er war gerne mit Menschen zusammen und wollte ihnen auch gerne helfen, wenn es ihm möglich war. Eine Tages hörte er, wie ein Vater zu seinen Töchtern sagte: „Ach, es wäre so schön, wenn ihr heiraten könntet und wir gemeinsam ein schönes Fest feiern könnten. Nur leider habe ich nicht so viel Geld, um die Aussteuer für euch zu kaufen.“ Die Aussteuer, das waren Dinge, die jede Frau bei der Hochzeit mit ins neue Haus nehmen sollte: Bettwäsche, Geschirr, Krüge, etwas Geld ... Der Mann war sehr traurig, denn er musste seine Töchter zu fremden Menschen schicken, damit sie für sie als Dienerinnen arbeiteten. Die Mädchen weinten, denn sie hatten große Angst davor, weit weg von ihrem Vater leben zu müssen und für Leute zu arbeiten, die sie gar nicht kannten.

Nikolaus hatte großes Mitleid mit diesen Menschen und überlegte, wie er ihnen helfen könnte. Kurze Zeit vorher hatte er ein großes Erbe bekommen und beschloss, die Hochzeit der Töchter möglich zu machen. Er packte einen Goldklumpen in einen Sack und warf ihn über eine Mauer in den Garten des Mannes. Dieser fand das Gold am nächsten Tag und war ganz verwundert: „Wer mag mir dieses große Geschenk gemacht haben?“ Er schaute um sich, konnte jedoch niemanden entdecken. Er freute sich aber sehr darüber, und die Hochzeit für die älteste Tochter konnte vorbereitet werden. Nikolaus wollte aber auch den anderen Töchtern helfen und so warf er noch zwei Mal des Nachts einen Sack mit einem Goldklumpen in den Garten des Mannes. Der wunderte sich jedes Mal aufs Neue, war

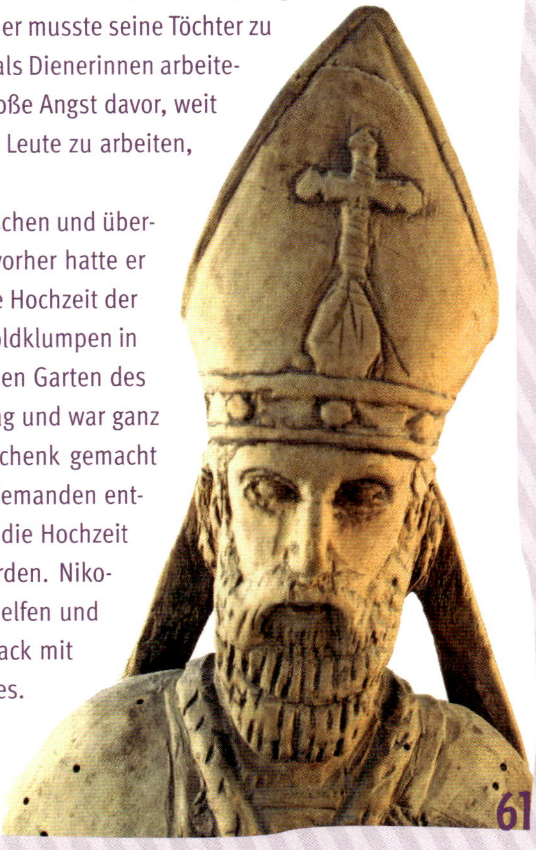

aber auch unglaublich dankbar für diese Gaben und sehr glücklich, dass seine Töchter so schöne Hochzeitsfeste feiern konnten. Eines Nachts wollte Nikolaus noch einen vierten Sack in den Garten des Mannes werfen, doch dieser hörte den Aufprall des Goldklumpens und traf Nikolaus, wie er davonschleichen wollte. Der Mann fiel vor Nikolaus auf die Knie und bedankte sich: „Du bist es also, der uns so reich beschenkt hat. Wie kann ich dir jemals danken?" Doch Nikolaus beruhigte ihn und bat darum, dass der Mann niemanden etwas erzählen sollte, von wem er das Geld bekommen hatte.

Einige Jahre später reiste Nikolaus einmal nach Myra, in die Stadt, in der er geboren worden war. Dort traf er einen alten Mann, als er zum Morgengebet in die Kirche gehen wollte. „Du sollst der neue Bischof von Myra werden", sagte der alte Mann. „Denn Gott hat zu mir in einem Traum gesagt, dass der erste Mann, der in der Früh die Kirche betritt, der neue Bischof von Myra werden soll." Nikolaus war sehr überrascht und wollte in Ruhe darüber nachdenken und beten. Er sagte: „Ich möchte für die armen Menschen da sein und ihnen helfen. Ich möchte wie Jesus für die Menschen da sein. Aber Bischof werden? Nein, das kann ich nicht." Da hörte Nikolaus plötzlich eine Stimme: „Nikolaus, wenn du Bischof wirst, kannst du wie Jesus für die Menschen da sein." Da merkte Nikolaus, dass die Kirche voller Menschen war, die die ganze Nacht über gebetet hatten. Jetzt zündeten sie Kerzen an und freuten sich, dass ein neuer Bischof gefunden worden war. Sie legten Nikolaus den Bischofsmantel um und setzten ihm den Bischofshut, die Mitra, auf. Nikolaus war wirklich der neue Bischof von Myra geworden.

Einige Jahre später wurde das Land von einer großen Hungersnot bedroht. Es war lange kein Regen gefallen und die Trockenheit hatte die Ernte verdorren lassen. Eines Tages legten einige große Schiffe voller Getreide im Hafen von Myra an. Die Menschen wollten den Schiffsleuten gerne etwas davon abkaufen, aber sie wollten nicht. „Unser Dienstherr wird uns schwer bestrafen, wenn wir das Getreide nicht in den Zielhafen bringen. Wir dürfen nichts davon unterwegs einfach verkaufen." Bischof Nikolaus wollte mit den Schiffsleuten reden, er sagte: „Bitte gebt den hungernden Menschen von dem Korn, Gott selber wird das Fehlende wieder auffüllen. Habt keine Sorge, ihr werdet mit voller Ladung im Zielhafen ankommen."

Die Schiffsleute wollten ihm das nicht glauben, aber sie sahen die hungernden Menschen und hatten Erbarmen. Sie gaben ihnen von dem Getreide, und alle Menschen wurden satt. Sogar für die Felder gab es neue Samen, und neues Getreide konnte wieder wachsen.

Die Schiffe fuhren dann weiter, und wie durch ein Wunder waren all ihre Kornkammern am Zielhafen wieder voll gefüllt, nicht ein Getreidekörnchen fehlte, obwohl sie so vielen Menschen davon gegeben hatten.

Nikolausbesuch

In manchen Gegenden organisieren Pfarren einen Nikolaus, der sich verkleidet auf den Weg macht, um Kinder zu besuchen. Wenn dies nicht der Fall ist, gibt es verschiedene Möglichkeiten, den Nikolaus im eigenen Haus zu begrüßen. Einerseits kann sich ein Bekannter der Familie, der Großvater oder Vater verkleiden und den Nikolaus mimen. Wichtig als Erkennungszeichen sind der Bischofsstab, die Mitra (Bischofshut) und der weiße, dichte Bart (der auch davor schützt, von den Kindern zu einfach erkannt zu werden). Meistens trägt der Nikolaus ein langes weißes Kleid und einen roten Umhang, zudem warme dunkle Stiefel. Der Nikolaus kann dann aus seinem Buch von den guten Taten der Kinder erzählen (die die Eltern ihm vorher notiert haben), manchmal auch von den kleinen Verfehlungen (was aber auch weggelassen werden kann, da so auch Ängste vor dem großen Heiligen geschürt werden könnten, was nicht Sinn des Nikolausbesuches sein sollte). Oft erzählt der Nikolaus auch von seinem Leben, seiner weiten Reise und den vielen Besuchen bei den Familien. Manchmal haben die Kinder ein Gedicht oder Lied gelernt, das sie dem Nikolaus vorsingen oder aufsagen möchten, und vielleicht singt die ganze Familie ein Nikolauslied, bevor der Heilige seine Geschenke verteilt.

Lasst uns froh und munter sein

Text und Melodie: aus dem Hunsrück

2. Bald ist uns're Schule aus,
   Dann zieh'n wir vergnügt nach Haus.

3. Dann stell ich den Teller auf,
   Niklaus legt gewiss was drauf,

4. Steht der Teller auf dem Tisch,
   sing ich nochmals froh und frisch:

5. Wenn ich schlaf, dann träume ich:
   Jetzt bringt Niklaus was für mich.

6. Wenn ich aufgestanden bin,
   lauf ich schnell zum Teller hin.

7. Niklaus ist ein guter Mann,
   dem man nicht g'nug danken kann.

Nikolaus kommt über Nacht

Manchmal ist es nicht möglich, einen „richtigen" Nikolaus zu Hause zu begrüßen. Er kann aber trotzdem (für die Kinder unsichtbar) in der Nacht vorbeikommen und ein Geschenk dalassen: in einem Schuh, der vor die Haustüre gestellt wird, oder in einen eigens vorbereiteten Nikolaussack oder in einem Körbchen.

Einen Nikolaussack selber machen

Was benötigt wird:

- ein Stück einfarbiger, grobgewebter Stoff (Leinen, Baumwolle, ...)
- Stickgarn in verschiedenen Farben (rot, gelb/gold, weiß) und eine passende Nadel
- Vorzeichenstift (der aus dem Stoff wieder auswaschbar ist)
- Kordel

Wie es gemacht wird:

Das Stoffstück in der Hälfte falten und auf eine Hälfte z. B. jedes Kind für sich selbst einen Nikolaus aufzeichnen lassen und den eigenen Namen dazuschreiben. Diese ganz einfache, schemenhafte Zeichnung mit Rückstich nachsticken und den Sack zusammennähen. Am besten mit einer Kordel zubinden.

Nikolausgeschenke

Traditionell werden zum Nikolaus keine großen Geschenke gemacht, es geht um kleine Aufmerksamkeiten. In früherer Zeit war es für die Kinder ein riesiges Geschenk, eine Orange oder Mandarine, vielleicht sogar ein Stück Schokolade zu bekommen. Auch heute kann man dieser Einfachheit folgen: Mandarinen, Nüsse, ein roter Nikolausapfel, vielleicht ein paar kleine Leckereien ...
Ein schöner Gedanke ist es auch, anderen Menschen eine kleine Nikolausfreude zu bereiten. So wie der Nikolaus aus der Legende seine Liebe zu den Menschen zeigte, kann der Nikolaustag zum Anlass genommen werden, jemandem eine kleine Freude zu bereiten (die vorher gemeinsam hergestellt wird), vielleicht verbunden mit einem Besuch oder auch als kleine Überraschung vor die Haustür gestellt oder ins Postfach gelegt.

Bratäpfelchen im Glas

Was benötigt wird:

- 1 kg Äpfel
- 400 g Zucker (nach Geschmack auch etwas mehr oder weniger)
- 1 Vanilleschote
- 1 Msp. Zimt- und Nelkenpulver
- kleine Gläser mit Schraubverschluss

Wie es gemacht wird:

In einem Topf werden die geschälten und in kleine Würfel geschnittenen Äpfel mit ein wenig Wasser weichgekocht, die Vanilleschote wird längs aufgeschlitzt und hinzugegeben. Wenn die Äpfel sehr weich sind und die Konsistenz schon ziemlich flüssig ist, wird der Zucker eingerührt, Zimt- und Nelkenpulver hinzugefügt und weitergerührt.
Die Vanilleschote wird aus dem Topf genommen und die Masse in die zuvor heiß ausgewaschenen Gläser gefüllt, diese gut verschließen und auskühlen lassen.
Mit einem kleinen Schildchen „Bratäpfelchen im Glas" oder „Gruß vom Nikolaus" kann das Gläschen noch mit einem Stückchen Stoff über dem Schraubverschluss und einem schönen Band verziert werden.

Goldene Nüsse

In Erinnerung an die großzügige Hilfe des hl. Nikolaus können Walnüsse mit goldener Farbe bemalt werden. Diese können im Nikolaussack Platz finden, aber auch weitergeschenkt werden. Später können sie auch als weihnachtliche Dekoration oder mit einem Band, das aufgeklebt wird, am Christbaum aufgehängt werden.

Nikolauslicht

Was benötigt wird:

- Luftballon
- Seidenpapier in Rot, Orange, Gelb, ...
- Tapetenkleister oder Serviettenkleber
- Pinsel

Wie es gemacht wird:

Das Seidenpapier wird in kleine Stücke gezupft (sehr beliebte Arbeit bei kleinen Kindern), der Luftballon aufgeblasen und der Tapetenkleister angerührt bzw. einfach Serviettenkleber verwendet. Mit dem Pinsel wird der Luftballon an einer kleinen Stelle etwas mit dem Kleber betupft, das Seidenpapier daraufgelegt und mit dem Pinsel und Kleber festgestrichen. So wird weiter verfahren, bis der ganze Ballon (bis auf einen kleinen Bereich ganz oben) gut mit mehreren Schichten mit den Seidenpapierstückchen bedeckt ist. Danach wird alles (am besten über Nacht) hängend getrocknet. Wenn alles gut trocken ist, wird der Luftballon oben aufgeschnitten und aus dem Inneren des Lichtes herausgeholt. Man muss dabei sehr sorgsam sein, um die dünne Papierschicht nicht zu beschädigen. Dann kann das Licht in eine passende Form geschnitten und mit Goldstift ein Nikolaus aufgezeichnet werden oder man belässt es, wie es ist, und gibt ein Teelicht hinein. Angezündet verbreitet das Teelicht im roten Papierlicht ein angenehmes, sanftes Licht.

Hl. Lucia – 13. Dezember

Vor allem in skandinavischen Ländern und in Italien wird der Tag der hl. Lucia besonders gefeiert. Früher war dieser Tag jener der Wintersonnenwende, und Lucia, deren Namen sich vom Lateinischen „lux“ (Licht) ableitet, wurde mit vielen Lichtern gefeiert. In der Adventszeit weist sie mit ihrem Licht auf Christus, das Licht der Welt. Die Tradition hat sich bis heute erhalten, und ein Lichterkranz auf dem Kopf der ältesten Tochter des Hauses und eine Prozession aller Kinder mit Lichtern sind schöne Traditionen für den Luciatag. In Italien gilt dieser Tag als einer, an dem man sich besonders um die Armen kümmert und ihnen eine warme Mahlzeit zukommen lässt. Aber auch wenn diese Bräuche nicht vertraut sind, kann es eine Bereicherung in der bewussten Gestaltung des Advents sein, das Fest der hl. Lucia zu feiern.

Legende

Lucia lebte in Italien auf der Insel Sizilien. Sie war schon als Kind begeistert von der Botschaft Jesu und wollte ihm ihr ganzes Leben widmen. Doch ihre Mutter wollte sie unbedingt verheiraten und verstand Lucias Widerstand nicht. Nachdem Lucias Mutter schwer erkrankt war und eine Heilung unmöglich schien, unternahm Lucia mit ihr eine Wallfahrt und betete für ihre Mutter, die dann auf wundersame Weise geheilt wurde. Beeindruckt und gestärkt von diesem Erlebnis wurde auch Lucias Mutter Christin. In jener Zeit aber war es verboten, Christ zu sein, und es war sehr gefährlich, offen zu seinem Glauben zu stehen. Deshalb widmete Lucia mit Unterstützung ihrer Familie all ihren Einsatz den Christen, die sich verstecken mussten. Sie brachte ihnen nachts etwas zu essen, und um die Hände frei zu haben, setzte sie einen Kranz mit Kerzen auf ihren Kopf, der ihr in der Finsternis den Weg leuchtete. Es gab jedoch einen jungen Mann, der Lucia unbedingt heiraten wollte und böse geworden war, dass sie sich nicht mehr für ihn interessierte und nicht mehr heiraten wollte. Deshalb erzählte er dem Herrscher, dass Lucia eine Christin war, und ließ sie verhaften. Lucia wurde sehr schlecht behandelt und musste viele Qualen erleiden. Sie betete und starb erst, als ein Priester ihr eine Hostie gab.

Luciabrötchen

Was benötigt wird:

- ca. 14 g Trockenhefe oder 42 g frische Hefe
- ½ l Milch
- 2 EL lauwarmes Wasser
- 2 Eier
- 150 g Butter
- 200 g Zucker
- 1 kg Weizenmehl
- 1 TL Salz
- 100 g Rosinen

Wie es gemacht wird:

Die Milch wird erwärmt (nicht gekocht!) und die Butter darin aufgelöst. Die Hefe wird mit dem Wasser angerührt und zur warmen Milch mit Butter hinzugefügt. Eier verquirlen und hinzugeben. Salz, Zucker und die Hälfte des Mehls werden dazugegeben und alles zu einem glatten Teig verarbeitet. Die restliche Menge des Mehls für 10 Minuten kräftig in den Teig einkneten. Den Teig an einen warmen Ort stellen und

mit einem Tuch abdecken. Wenn er auf seine doppelte Größe aufgegangen ist, kann er weiter verarbeitet werden.
Der Teig wird dann ausgerollt und in 4 Stücke geteilt, die dann wiederum in mehrere Stücke geteilt werden. Jedes dieser Teile wird in ein ca. 15 cm langes Stück gerollt und zu einem „S“ geformt. Jeweils in ein „S-Ende“ wird eine Rosine gesteckt. Diese Teigstücke sollen dann wieder an einem warmen Ort aufgehen, nach 30 min. werden sie mit Ei bestrichen und im Backrohr bei ca. 200°C (Heißluft) für ca. 10 Minuten goldbraun gebacken.

Verwendung:

- als Frühstück am Luciatag
- Die als hl. Lucia verkleidete älteste Tochter des Hauses kann auf einem Tablett diese Luciabrötchen tragen.

Sternenjungen-Band

Was benötigt wird:

- Maßband
- Tonpapier in Weiß und Gelb
- Klebestift, Schere
- größerer Ausstecher in Sternform

Wie es gemacht wird:

Der Kopfumfang des Kindes wird abgemessen und ein Rechteck aus weißem Papier in eben dieser Länge (plus 5 cm) mit etwa 10 cm Höhe. Aus dem gelben Papier werden 3-5 Sterne ausgeschnitten (am einfachsten die Sternform nachfahren und ausschneiden) und auf den weißen Streifen geklebt. Dann wird dieses Sternenjungen-Band zusammengeklebt und kann von allen Buben des Hauses als Alternative zur Luciakrone der Mädchen getragen werden.

Lichterkranz

Einer alten Tradition zufolge trägt die älteste Tochter des Hauses am Morgen des Luciatages einen Kranz mit Kerzen auf dem Kopf, die jüngeren Schwestern tragen einen grünen Kranz, alle Mädchen haben ein weißes Kleid mit einer roten Schärpe. Die Buben des Hauses verkleiden sich als Zwerge und Sternträger. Immer wieder gab es Unfälle mit den brennenden Kerzen am Kopf des Kindes, und so wird heute sehr oft auf batteriebetriebene Lichterkränze zurückgegriffen, oder aber der Kranz wird nur symbolisch mit Kerzen aus Holz, Kunststoff oder Filz geschmückt. Ein sehr einfacher Kranz kann mit Hilfe der Kinder auch selbst gemacht werden:

Was benötigt wird:

- Topnpapier in Grün, Weiß, Gelb und Rot
- Klebestift, Schere
- Buntstifte
- Maßband

Wie es gemacht wird:

Mit dem Maßband wird der Umfang des Kopfes gemessen und ein Rechteck grünes Tonpapier in eben dieser Länge (plus 5 cm) mit etwa 15 cm Höhe ausgeschnitten. Der obere Rand des Rechtecks wird nun mit der Schere ähnlich einer Krone eingeschnitten, jedoch nicht in Zackenform, sondern leicht abgerundet und Blättern nachempfunden. Danach werden aus dem weißen Papier einige kleinere Rechtecke ausgeschnitten, auf die dann eine gelbe Flamme geklebt wird. Mit einem schwarzen Buntstift wird der Docht in die gelbe Flamme gemalt. Diese Kerzen werden dann auf die grüne Blätterkrone gleichmäßig verteilt aufgeklebt. Ein Streifen aus rotem Papier kann am unteren Ende der Krone angebracht werden und bildet den Abschluss der Luciakrone. Die Krone wird dann zusammengeklebt und schmückt nun den Kopf der ältesten Tochter. Natürlich kann in derselben Art und Weise für jedes Kind der Familie eine Krone hergestellt werden – vielleicht mit weniger Kerzen oder für Buben ohne Kerzen, ganz nach Belieben und den individuellen Wünschen der Kinder entsprechend.

Vom Licht im Advent

Die hl. Lucia gilt als „Lichtheilige“ – die vielen Kerzen auf ihrem Kranz passen zum Advent. In diesen Wochen vor Weihnachten werden so viele Kerzen wie sonst kaum im Jahr entzündet. Es tut gut, sich im Schein der Kerzen am Adventskranz zu versammeln. Aber auch während des Tages kann es einen Platz im Haus geben, an dem eine Kerze (natürlich immer an einem kindersicheren Platz, der gut einsehbar ist!) brennt. Sie erinnert an den, dessen Geburt wir erwarten: Christus, Jesus, das Licht der Welt. Mit einigen wenigen Bastelmaterialien können schon jüngere Kinder eine einfache Kerze adventlich verzieren oder ein einfaches Teelicht wird an einem besonderen Platz entzündet. So klein das Licht auch erscheinen mag: Eine ganze Familie kann sich an ihrem Licht erfreuen.

Gedanken einer kleinen Kerze

„Wie schön! Ich wurde entzündet, und alle blicken in mein Licht. Die Menschen freuen sich an meiner Helligkeit, an der Wärme und Geborgenheit, die ich ausstrahle. Und ich freue mich, dass ich brennen darf. Denn sonst würde ich im Regal eines Geschäfts stehen und warten müssen, bis mich jemand kauft. Aber je länger ich brenne, desto kleiner werde ich. Ich weiß, dass es nur zwei Wege gibt: Entweder ich bleibe im Regal, unangerührt und vergessen – oder aber ich brenne, werde kürzer und gebe alles, was ich habe. So führe ich das Ende meines eigenen Lebens herbei ...
Den Menschen geht es aber nicht anders: Entweder ziehen sie sich zurück und bleiben für sich – oder sie gehen aufeinander zu und schenken Wärme und Liebe. Nur so finden die Menschen einen Sinn im Leben. Sie müssen etwas von sich selbst geben – von der Freude, vom Lachen und vielleicht auch von der Traurigkeit. Nur wer etwas von sich schenkt, wird reicher. Nur wer andere glücklich macht, ist selber glücklich. Je mehr Menschen für andere ‚brennen‘, umso heller wird es überall. Ich glaube, viele Menschen sind nur deshalb missmutig, weil sie Angst davor haben, anderen ein Licht zu sein. Ein einziges Licht, das brennt, ist mehr wert als die Dunkelheit in aller Welt. Ach, wenn sich die Menschen doch von mir kleiner Kerze ein wenig Mut machen ließen ...“

Maria Empfängnis

Natürlich gibt es zu den Festen historische Quellen, die Hintergründe erläutern und Traditionen, die gewachsen sind mit den Jahrzehnten und Jahrhunderten eines Festes. Und doch bleibt da ein gewisses Befremden, wenn man nicht bedenkt, dass ein Fest **mitten aus dem Leben** kommt.

Maria Empfängnis ist ein solches. In der Bibel ist kaum etwas zu finden über Maria, über ihre Herkunft weiß man wenig. Und doch gibt es viele Marientraditionen und hohe Feiertage, die ihren Ursprung in den frühen Christengemeinden finden. In frühchristlichen Schriften wird einiges über Maria und ihre Herkunft erzählt. Aus diesen Quellen erfährt man, dass die Eltern der Maria, Joachim und Anna, sich sehr lange ein Kind gewünscht hatten. Sie erleben viele Jahre des Zweifels und der Trauer, weil sie kinderlos bleiben – bis sich ein Engel offenbart und die Geburt eines Kindes verheißt. Die Eltern sind überglücklich. Sie freuen sich und loben Gott. Sie tun alles für ihre Tochter, der sie den Namen **Maria** geben.

Genau dieser Augenblick, in dem Maria empfangen wurde, wird also gefeiert. Merkwürdig? Eigentlich nicht, wenn man diese Geschichte **mitten aus dem Leben** betrachtet: Da gibt es ein Paar, das sich nichts sehnlicher wünscht als ein Kind. Ihre Gebete werden erhört und ein Kind wächst heran, das bedeutsam ist – aber nicht nur für seine Eltern, die es über alle Maßen lieben. Es ist bedeutsam für uns alle. Auch heute noch, mehr als 2000 Jahre später. Gott sagt „Ja" zu einem Menschen von Anfang an, die erste Sekunde zählt für Gott. Mitten im Advent halten wir inne und feiern am 8. Dezember das Fest der Empfängnis Mariens. Es ist ein Tag, der zum Denken anregt über den Wert eines Menschen. Ein Fest, das einlädt, über den Beginn des Lebens nachzudenken und über das, was aus einem so unscheinbaren und winzigen Anfang erwachsen kann.
Marias Geschichte geht weiter und wirkt bis heute. Das Evangelium des Lukas erzählt davon, dass es Maria und Josef ähnlich erging wie Jahren zuvor Anna und Joachim. Ein Engel verheißt die Geburt eines Kindes. Es ist zwar eine ganz andere Situation, in die da Gottes Wirken kommt, und doch ist da Marias ganz bewusstes JA. Es ist ein klares JA zu diesem Kind. Es ist auch ein JA zu den Schwierigkeiten und Herausforderungen, die sich dadurch ergeben. Es ist ein JA mitten aus dem Leben, voller Liebe und Vertrauen.
Maria Empfängnis bedeutet also mehr als „nur" eine Tradition. Es ist ein Fest, das einen Ausgangspunkt markiert für eine Heilsgeschichte, die für uns alle Bedeutung hat. Nicht nur im Advent, wo wir auf das Kommen Jesu warten. Gott ist in unserem Leben gegenwärtig, auch wenn wir es manchmal nur wenig zu spüren glauben. Gott liebt uns von Anfang an. Er sagt JA zum Leben - schon bei der Empfängnis.

Erinnerungen teilen

An diesem Tag bietet es sich an, gemeinsam mit den Kindern die ersten Fotos anzuschauen, von der Schwangerschaft und Vorfreude auf dieses neue Leben zu erzählen, die Taufkerze anzuzünden oder kleine Erinnerungsstücke zu betrachten.

Woche für Woche im Advent – die Adventssonntage bewusst gestalten

Durch den Adventskranz ist für jeden in der Familie ersichtlich, wann Sonntag ist, da dann die nächste Kerze entzündet wird. Es bietet sich an, diese Sonntage ganz bewusst als Familie zu feiern. Gemeinsam am Tisch zu sitzen, die Flammen der Kerzen betrachten, miteinander ins Gespräch zu kommen, Lieder zu singen und gemeinsam zu beten.

Gerade mit Kindern ist es gut, die Wochen bis zum Hl. Abend kreativ zu gestalten. So spürt das Kind (und mit ihm die ganze Familie), dass der Advent eine besondere Zeit ist und nicht bloß von Geschenkewünschen oder dem Adventskalender geprägt ist. Der Advent ist eine Zeit, in der bewusst Wert auf gemeinsame Familienzeiten gelegt werden kann: vielleicht ein Mal in der Woche abends gemeinsam ein Spiel zu spielen, eine Bastelarbeit zusammen am Küchentisch zu fertigen oder einfach einen schönen Spaziergang in der kühlen Luft und vielleicht sogar in einer weißen Winterlandschaft zu unternehmen. Auch Rodelausflüge oder ein Nachmittag im Museum sind denkbar: was allen Mitgliedern der Familie Freude bereitet und guttut, ist schön. Auch das gemeinsame Singen von Weihnachtsliedern oder das Musizieren auf verschiedenen Instrumenten ist möglich. Jede Familie hat eigene Vorlieben, die in der Adventszeit Freude bereiten.

Gefalteter Fensterstern

Was benötigt wird:

- Seidenpapier
- Schere, Klebestift

Wie es gemacht wird:

Das Papier wird in Quadrate (z. B. mit 10 cm Seitenlänge) geschnitten, diese werden dann diagonal gefaltet, die Spitzen werden an zwei gegenüberliegenden Seiten zur Mitte gefaltet und dieser Vorgang wird an der noch nicht gefalteten (oberen) Seite wiederholt. Mehrere Quadrate (je nach Größe unterschiedlich, zumeist zwischen 10 und 15 Stück) in dieser Weise falten. Danach werden die Sternspitzen aneinandergeklebt und im Kreis angeordnet. Dieser Seidenpapierstern kann aus lauter unterschiedlich gefärbten Sternspitzen gefertigt werden oder auch einfarbig sein. Er eignet sich sehr gut als Dekoration für Fensterscheiben.

Scherenschnitt-Schneeflocken

Was benötigt wird:

- weißes Papier
- Schere

Wie es gemacht wird:

Das Papier wird zu einem Quadrat geschnitten, dieses mehrmals jeweils diagonal gefaltet und mit der Schere beschnitten (kleine Ecken, Kreise herausschneiden u. ä.). Danach wird das Papier wieder aufgefaltet, und die Scherenschnittschneeflocke kann ins Fenster gehängt werden. Auch jüngere Kinder haben viel Freude am Schneiden dieser Flöckchen.

Adventsgrußkarten mit Kartoffeldruck

Was benötigt wird:

- 1-2 Kartoffeln
- kleinere Ausstecher in Sternform
- Wasserfarben oder Goldfarbe
- Karten

Wie es gemacht wird:

Die Kartoffel wird halbiert, dann eine Sternform in die eine Hälfte gesteckt, ca. bei der Hälfte der Form die Kartoffel rundherum mit einem scharfen Messer als Scheibe abgeschnitten – dies ist der „Stempel“. Es können noch mehrere auf dieselbe Weise hergestellt werden, v. a. wenn mehrere Kinder gleichzeitig mitarbeiten möchten. Dann wird Farbe aufgetragen und auf die Karten gestempelt. Alternativ kann auch auf Papier gestempelt und die am besten gelungenen Exemplare dann auf die Karten geklebt werden.

Wenn alles getrocknet ist, kann noch ein kleiner Adventsgruß, ein kurzer Satz „... denn sie sahen einen Stern aufgehen“ mit Goldstift danebengeschrieben werden. Diese Karten können verschickt werden. Auf dieselbe Art und Weise kann auch Geschenkpapier hergestellt werden (einfach Packpapier großzügig mit Sternen bestempeln).

Grüner Kranz

Gerade im Advent sind Türkränze oder Dekorationen am Boden vor der Haustür sehr beliebt. Ein Kranz aus grünen Zweigen eignet sich für beides. An der Wand oder Tür mit einem Band aufgehängt oder auch am Boden liegend mit einer Kerze in der Mitte, vielleicht mit ein paar Weihnachtskugeln verziert. Schön ist es, die Zweige selbst zu sammeln. Gut eignen sich immergrüne Zweige von Hecken (Thujen, Buchs, ...), aber auch die Äste von Fichte oder Tanne.

Was benötigt wird:

- verschiedene grüne Zweige, Heckenschere
- Heißkleberpistole, Blumendraht
- Dekorationsmaterial (Sternchen, Glitterpulver, Engelshaar u. ä.)
- evtl. Stroh- oder Styroporkranz

Wie es gemacht wird:

Die Zweige und das Grünzeug werden mit einer Heckenschere in kleinere Stücke geschnitten (ca. 20-30 cm). Danach werden diese mit der Heißkleberpistole auf einen Stroh- oder Styroporkranz geklebt oder mit einem Blumendraht daraufgebunden. Es ist auch möglich, ohne Hilfskranz das Grünzeug miteinander zu einem Kranz zu winden. Der fertige Kranz kann ohne zusätzliches Dekorationsmaterial rund um eine große Kerze gelegt oder aufgehängt werden. Sternchen, kleine Christbaumkugeln u. ä. können aufgesteckt oder mit Heißkleber fixiert werden, Engelshaar oder Lametta hält auch ohne zusätzlichen Kleber.

Engelslicht

Ein „Engelslicht“ ist eine ähnliche Kleisterarbeit wie das Nikolauslicht, und es kann als kleines Geschenk, aber auch als Zeichen der Nächstenliebe ins Fenster gestellt werden. Gerade in der Weihnachtszeit sind Engel überall zu finden. Das Wort „Engel“ bedeutet so viel wie „Bote“ und beschreibt nicht unbedingt, wie jemand aussieht, sondern wie jemand **ist.** In unserem Alltag begegnen wir oft solchen Engeln: Menschen, die uns das Leben leichter machen durch ihre Aufmerksamkeit. Dies kann eine Nachbarin sein, die im Urlaub die Post übernimmt, oder auch eine Lehrerin, die sich darum sorgt, dass die Kinder im Winter ihre Jacken gut verschließen und die Schuhe gut gebunden sind, bevor die Kinder hinaus in die Kälte gehen. Vielleicht ist es auch ein Postbote, der die Post nicht einfach vor die Haustüre legt, sondern in eine Folie gibt, wenn es gerade regnet oder schneit. Vielleicht ist es auch eine gute Freundin, die einfach spontan zu Hilfe eilt, wenn es notwendig ist. So viele Menschen sind „Engel im Alltag“. All jenen kann man als kleine Aufmerksamkeit im Advent ein Engelslicht basteln.

Was benötigt wird:

- Marmeladegläser
- Seidenpapier in Blautönen
- Silbersternchen-Aufkleber
- Tapetenkleister oder Serviettenkleber, Pinsel

Wie es gemacht wird:

Wie beim Nikolauslicht wird das Seidenpapier in kleine Stücke gerissen, welches dann mit Tapetenkleister oder Serviettenkleber und dem Pinsel gut deckend auf das Glas geklebt wird. Nach dem Trocknen werden die silbernen Sternchen aufgeklebt und ein Teelicht in das Glas gegeben.

Karte mit Weihnachtsbaum-Fadengrafik

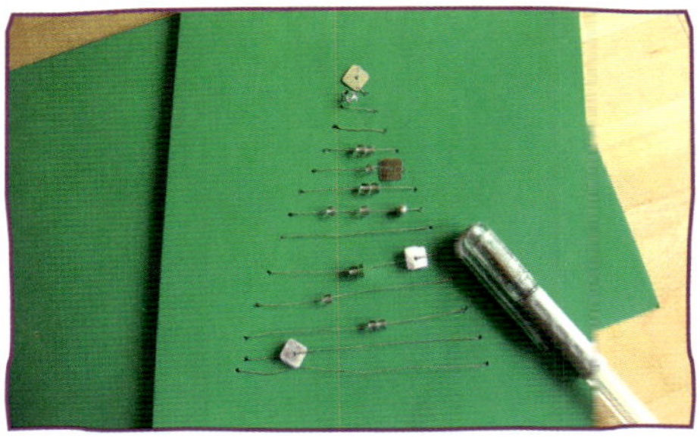

Was benötigt wird:

- dünner Karton, Klappkarten
- Nadel
- Gold-/Silberfaden
- Paletten u.ä. zum Auffädeln

Wie es gemacht wird:

Mit einem Bleistift wird ganz leicht die Kontur eines Tannenbaumes vorgezeichnet. In regelmäßigen Abständen werden mit einer Nadel Löcher entlang dieser Kontur gestochen, durch die dann später mit dem Goldfaden von einer Seite zur nächsten der Faden in Form des Baumes gezogen wird, immer wieder können kleine Perlen oder Pailletten aufgenommen werden als glitzernder Baumschmuck. Der Baum kann auf Vorder- und Rückseite gestaltet werden, wenn er in einer Klappkarte von beiden Seiten zu sehen ist. Es ist aber auch möglich, den Baum auf einem dünnen Karton zu gestalten und diesen dann auf eine Karte zu kleben.

Engelchen

Was benötigt wird:

- Wattebausche
- kleinere Holzkugeln mit Loch
- Buntstifte
- Flüssigkleber
- Engelshaar oder etwas Lametta
- Gold- oder Silberpapier
- Perlgarn oder anderer robuster Faden und passende Nadel

Wie es gemacht wird:

Auf die Holzkugel wird mit den Buntstiften ein Gesicht gemalt, danach wird etwas Engelshaar oder Lametta zurechtgezupft und auf diese Kugel geklebt. Die Holzkugel wird dann auf einen dicken Wattebausch geklebt; aus dem Goldpapier werden Flügel ausgeschnitten. Diese werden auf der Rückseite des Engels festgeklebt. In den Faden wird ein dicker Knoten an ein Ende geknotet, mit diesem Faden wird mit einer Nadel durch den Wattebausch unten bis nach oben durch das Loch der Holzkugel gestochen und eine Schlaufe zum Aufhängen gebildet.

Geschenkanhänger aus Modelliermasse

Was benötigt wird:

- lufttrocknende Modelliermasse
- verschiedene Ausstechformen
- Unterlage

Wie es gemacht wird:

Die Modelliermasse wird ausgerollt, mit unterschiedlichen Formen werden Motive ausgestochen, mit einem Zahnstocher oder einer großen Stopfnadel wird ein Loch in den oberen Bereich des fertigen Anhängers gebohrt, sodass später ein etwas stärkerer Faden hindurchpasst. Einige Tage müssen die zukünftigen Anhänger trocknen, dann können sie mit einem Gold- oder Silberstift, Glitterkleber o. ä. bemalt oder der Namen des zu Beschenkenden daraufgeschrieben werden.

Die Anhänger können einerseits an Weihnachtsgeschenke angehängt werden, andererseits aber auch als Christbaumschmuck oder als Tischschmuck bei einem Adventsfrühstück mit den Großeltern oder Freunden verwendet werden.

Bemalte Sterne

Viele Kinder bemalen gerne mit großen Pinselstrichen Papier, nicht immer in den ansprechendsten Farben. Gerade jene können aber „in Form gebracht“ wunderbare Effekte erzielen. Mit großen Lebkuchenformen in Sternform werden auf der Rückseite der bemalten Papierbögen (die das ganze Jahr über gesammelt werden können) die Konturen nachgemalt, anschließend der Stern ausgeschnitten. Diese bemalten Sterne können auf Geschenke, die mit einfachem Packpapier eingewickelt wurden, oder ins Fenster geklebt werden. Auch das Zusammenkleben zu einer Sternengirlande ist möglich. Vielleicht können die bemalten Sterne auf der leeren Rückseite mit einem Text versehen werden und so ein kleines Geschenk für nette Nachbarn oder liebe Bekannte sein.

Genähter Christbaumschmuck

Was benötigt wird:

- Bastelfilz
- Perlgarn und eine passende Nadel
- Watte

Wie es gemacht wird:

Auf den Filz werden unterschiedliche Motive jeweils zwei Mal aufgemalt (Stern, Engel, Schneemann ...) und ausgeschnitten. Die beiden Teile werden halb zugenäht (am besten mit Schlingstich) und dann mit Watte etwas ausgefüllt. Danach näht man den Rest zu. Am Ende wird ein Faden zum Aufhängen des Christbaumschmucks am oberen Ende durchgezogen und verknotet.

Christbaumschmuck aus Bienenwachsplatten

Was benötigt wird:

- Bienenwachsplatten
- kleinere Ausstechformen
- Nadel und Goldfaden

Wie es gemacht wird:

Mit den Ausstechformen werden aus den Bienenwachsplatten verschiedene Motive ausgestanzt und mit einer Nadel ein Faden zum Aufhängen durchgezogen.

Der Brief an das Christkind

Vor allem, wenn es mehrere Kinder gibt, ist der Geschenkeberg unter dem Christbaum mitunter gewaltig. Das Begrenzen auf z. B. drei Wünsche kann aber hilfreich sein. So müssen die Kinder aus der eigenen Fülle an Fantasie und Wunschdenken auswählen. Das klare Aussprechen bzw. Aufschreiben von bestimmten Wünschen kann auch im Advent eine Hilfe für die Eltern sein, wenn den Kindern immer noch mehr einfällt, was sie gerne hätten. Ein Brief, mit der Hand geschrieben und verziert, hilft dabei, sich wirklich festzulegen. Den Brief am Abend aufs Fensterbrett hinauszulegen und zu hoffen, dass er über Nacht „abgeholt“ wird, gibt dem Ganzen einen gewissen Zauber. Vielleicht kann am nächsten Morgen eine kleine Überraschung bereitliegen, als Zeichen, dass das Christkind den Brief erhalten hat (ein kleiner Sternanhänger, eine weihnachtliche Schokolade, ein besondere Murmel ...).

Wachsstern

Was benötigt wird:

- Kerzenreste
- große Sternform
- Alufolie

Wie es gemacht wird:

Die Sternform wird auf Alufolie gelegt und mit dieser den Kanten entlang eingeschlagen (sodass kein Wachs ausrinnen kann). Dann wird das Wachs in einem Topf (der später nicht mehr für Lebensmittel verwendet werden sollte) geschmolzen, Dochtreste und Verschmutzungen können mit einem Holzstäbchen herausgefischt werden. Danach wird das flüssige Wachs in die Sternform gegossen und zum Erkalten stehen gelassen. Anschließend wird der Stern vorsichtig aus der Form genommen.

Weihnachtsbücherkorb

Viele Familien haben zahlreiche weihnachtlich-winterliche Bücher. Für Kinder ist es etwas ganz Besonderes, wenn diese Bücher nur in der Winter- und Weihnachtszeit zur Verfügung stehen, während des Jahres jedoch nicht so gut erreichbar verstaut werden. Im Advent kann ein Korb mit den Büchern im Wohnzimmer stehen, sodass die Kinder jederzeit Zugriff zu ihnen haben und ein Nachmittag mit dem Anschauen und Lesen von Bilderbüchern verbracht werden kann, anstatt fernzusehen oder am Computer zu sitzen.

Apfelbrot backen

Das Apfelbrot ist ein speziell weihnachtliches, süßes Brot, das gerne mit Butter bestrichen im Advent genossen wird.

Was benötigt wird:

- 1 ½ kg geraspelte säuerliche Äpfel
- 300 g Rosinen
- 500 g grob gehackte Nüsse (Mandeln, Haselnüsse, Walnüsse)
- ⅛ l Rum oder Wodka
- ½ kg Zucker (evtl. Rohrzucker)
- 1 kg Mehl
- 1 Päckchen Backpulver
- 1 gehäufter Esslöffel Kakao
- 1 Packung Lebkuchengewürz

Wie es gemacht wird:

Die geraspelten Äpfel werden am besten am Abend mit den Rosinen, Nüssen, dem Zucker, dem Kakao, Lebkuchengewürz und Alkohol in einer großen Schüssel vermischt, mit einem Tuch abgedeckt und über Nacht stehen gelassen. Am nächsten Tag wird die Masse gut mit Mehl und Backpulver verknetet und dann in Kastenformen verteilt bzw. können auch Laibe geformt werden. Diese Apfelbrote werden mit Wasser bestrichen und können auch mit Mandeln und kandierten Früchten belegt werden. Gebacken werden die Apfelbrote im vorgeheizten Backrohr bei Umluft und ca. 175°C für ca. eine Stunde.

Einfache Weihnachtskekse

Was benötigt wird:

- 300 g Mehl
- 200 g Butter
- 140 g Staubzucker
- 140 g geriebene Mandeln
- etwas Zimt
- 2 Eidotter
- 1 EL Milch

Zum Fertigstellen:

- Marmelade
- Staubzucker zum Bestreuen

Wie es gemacht wird:

Mehl auf die Arbeitsfläche geben, sehr kalte Butter hineinraspeln oder klein schneiden. Alles mit den Händen miteinander verbröseln. Die trockenen Zutaten unter das Mehl mischen, mit dem Dotter und der Flüssigkeit rasch zu einem mittelfesten Teig kneten und in eine Folie gewickelt im Kühlschrank ca. ½ Stunde ruhen lassen.

Danach den Teig messerrückendick ausrollen und in verschiedenen Formen ausstechen – oder je eine Scheibe und eine dazupassende mit einem kleinen Sternchen oder Kreis ausstechen. Die Kekse im vorgeheizten Backrohr bei ca. 160°C für etwa 5 min. backen. Danach die gelochten Scheiben mit Staubzucker bestreuen, die anderen auf einer Seite mit Marmelade bestreichen und zusammensetzen. Die einzeln ausgestochenen Formen können so genossen werden oder zur Hälfte in Schokoladeglasur getunkt werden.

Die Krippe und biblische Erzählungen im Advent

Adventsplatz gestalten

In vielen Familien gibt es eine Art „Jahreszeitentisch“, einen Platz, an dem den Jahreszeiten entsprechend Gegenstände aus der Natur gesammelt werden, kleine Dekorationsartikel ihren Platz finden u. ä. Vielleicht im Eingangsbereich auf einer Kommode oder im Wohnzimmer ein kleiner Ort, der für einige Woche so belassen werden kann. In der Adventszeit kann ein solcher Platz ganz bewusst mit Kindern gestaltet werden. Immer, wenn etwas Besonderes gefeiert wird oder eine neue Bastelarbeit fertiggestellt ist (auch aus Kindergarten oder Schule mitgebracht), kann diese dort einen Platz finden. Vielleicht rund um eine Vase mit den Barbarazweigen angeordnet, vielleicht mit einer Kerze im Mittelpunkt. Der Fantasie sind dabei keine Grenzen gesetzt. Auch der Adventskalender kann an dieser Stelle zu finden sein. Eine schöne Idee ist es auch, den leeren Stall der Weihnachtskrippe aufzustellen und ihn dann auf Weihnachten hin mit weiteren Figuren zu bestücken. Oder eine größere, leerstehende Krippe steht bereit, um mit „Stroh“ gefüllt zu werden und dem Jesuskind zur Weihnacht ein weiches Bettchen bereiten zu können.

„Stroh" für die Krippe

Vor allem Kinder fasziniert das Jesuskind in der Krippe. Dass es nicht üblich ist, ein neugeborenes Baby in Stroh zu betten, verstehen auch die Kleinsten. So ist die Idee, dem Jesuskind im Laufe des Advents eine weiche Krippe zu gestalten, eine kleine Aufgabe für Kinder jeden Alters, die ihnen auf spielerische Weise näherbringt, was Nächstenliebe bedeutet.

Was benötigt wird:

- eine Holzkrippe oder ein Körbchen, wo das Jesuskind später hineingelegt werden kann
- ein großes Marmeladenglas mit Deckel
- grobe, gelbbraune Wolle
- Schere

Wie es gemacht wird:

Der Faden aus der „Wollmitte" wird aus dem Wollknäuel gezupft, das in ein großes Marmeladeglas gelegt wird. In den Deckel wird ein großes Loch gebohrt, durch das der Wollfaden dann leicht herausgezogen werden kann. Das Glas mit der „Stroh-Wolle" wird neben die noch leere Krippe gestellt, und die Kinder sind eingeladen, immer wieder ein Stück Wolle abzuschneiden und in die Krippe zu legen. Bis zum Weihnachtsabend sollte die Holzkrippe gut mit „Stroh" gefüllt sein und dem Jesuskind (eine kleinere Babypuppe mit einer Stoffwindel umhüllt) ein weiches Bett bieten.

Die Krippe mit Geschichten „füllen"

Die Weihnachtsgeschichte eignet sich sehr gut, um sich Woche für Woche mit Maria und Josef in Erwartung des Jesuskindes auf den Weg zu machen. Je nach Erzählung werden die Krippenfiguren (eine Krippe mit zahlreichen Figuren ist von Vorteil) bewegt oder die Situation dargestellt, was die ganze Woche über so bleiben kann bis zum nächsten Adventssonntag, an dem die nächste biblische Geschichte

zur Adventszeit erzählt wird. Die Erzählungen können während dem Stellen der Figuren gelesen werden, aber auch zuvor, sodass man dann gemeinsam noch über das Gehörte sprechen kann, während die Krippensituation nachgespielt wird. Der Text der Wegbegleitungsstation kann nachgetippt werden und in schöner Schrift auf Papier gedruckt z. B. in einem Bilderrahmen zur Krippe gestellt werden. So kann jeder die Erzählung immer wieder aufs Neue lesen, oder Bekannte, die zu Besuch sind, verstehen sofort, worum es sich bei der „leeren" Krippe handelt. Auch sind die Kinder eingeladen, Bilder von den jeweiligen Stationen zu malen – diese können dann hinter der „Wegstation" aufgehängt werden.

1. Wegbegleitung

„Besuch des Engels"

Maria war eine junge Frau, die verlobt war mit einem Zimmermann namens Joseph. Die beiden mochten sich sehr gern und wollten bald heiraten. Da kam eines Abends ein Engel zu Maria und sprach: „Maria, sei gegrüßt. Gott schickt mich zu dir, um dir zu sagen, dass du bald ein Kind bekommen wirst." Maria war sehr erstaunt und wollte wissen, wie das sein könne, wo sie doch noch gar nicht verheiratet war. Der Engel antwortete: „Für Gott ist nichts unmöglich. Sogar deine Bekannte Elisabeth, die schon so alt ist, dass sie gedacht hat, sie würde nie mehr ein Kind bekommen, erwartet ein Baby. Dein Baby wird zur Welt kommen und du sollst ihm den Namen Jesus geben." Dann verabschiedete sich der Engel und Maria war alleine im Raum. Sie war sehr glücklich, machte sich aber auch Sorgen, was Joseph dazu sagen würde. Aber Maria vertraute Gott und war sich sicher, dass er gut auf sie und ihr Baby achten würde.

Figuren:
Maria, Engel

2. Wegbegleitung

„Maria und Elisabeth"

Wie der Engel es schon berichtet hatte, erwartete auch Elisabeth ein Baby. Sie hatte viele Jahre vergeblich darauf gewartet und freute sich sehr, dass sie bald Mutter werden würde. Maria besuchte ihre Freundin, weil sie ihr helfen wollte. Es gab viel Arbeit in Haus und Garten, und für das Baby sollte auch etwas vorbereitet werden. Die beiden Frauen waren froh, miteinander arbeiten zu können und über alles sprechen zu können. Als Maria wieder nach Hause zurückkehrte, war ihr Bauch schon sehr gewachsen – jeder konnte sehen, dass sie bald ein Baby bekommen würde. Joseph wollte ihr entgegengehen, weil er sich schon sehr auf seine Maria freute. Aber als er sie aus der Ferne sah, erschrak er sehr. Seine Maria war schwanger! Wie konnte das sein? Er ging nach Hause und war sehr traurig. Er dachte: „Meine Maria liebt einen anderen Mann. Sie will mich vielleicht nicht mehr." Da besuchte ihn der Engel, der zuvor schon bei Maria gewesen war, und erzählte ihm, was Gottes Pläne für Maria waren, und Joseph wurde froh. Er freute sich auf das Baby und begrüßte Maria, die sich auch sehr freute, endlich wieder bei ihrem Joseph zu sein.

Figuren:

Maria, Joseph, Engel, Elisabeth

3. Wegbegleitung

„Die Volkszählung"

In dem Land, in dem Maria und Joseph lebten, regierte ein strenger Kaiser. Er wollte Geld von allen Bewohnern haben und ließ sie deshalb zählen. So konnte er ausrechnen, wie viel Geld er bekommen würde. Er befahl, dass alle Menschen an den Ort ihrer Geburt gehen müssten, um sich dort in Listen eintragen zu lassen. Joseph war in Nazaret geboren und so mussten sie dorthin gehen. Es war eine beschwerliche Reise, denn Maria sollte bald das Baby bekommen und konnte nicht mehr gut so weite Strecken gehen. Unterwegs konnte Maria eine Weile auf einem Esel sitzen und sich ausruhen. Aber es war eine anstrengende Reise, Maria spürte, dass die Geburt bald beginnen würde, und hoffte, dass sie noch rechtzeitig eine gute Unterkunft finden würden.

Figuren:

Maria, Joseph, Esel

4. Wegbegleitung

„Die Unterkunft“

Als es dunkel wurde, suchten Maria und Joseph einen Platz für die Nacht. Doch alle Herbergen und Gasthäuser waren besetzt. Niemand wollte die beiden aufnehmen. Da fanden sie einen Stall, in dem es Heu gab und eine Futterkrippe. Auch ein Ochs war da. Maria und Joseph wollten sich dort zur Ruhe legen und die Nacht verbringen. Der Esel und der Ochs spendeten ihnen Wärme, und Maria spürte, dass das Baby bald zur Welt kommen wollte.

Figuren:

Maria, Joseph, Ochs, Esel, leere Futterkrippe, Stall

Diese vier Erzählungen der Bibel begleiten die Familie durch die Adventszeit. Zu Weihnachten kann das Jesuskind dann in die Krippe gelegt und die Weihnachtsgeschichte gelesen oder erzählt werden. Gerade für kleinere Kinder ist es gut, die Weihnachtsgeschichte in Etappen schon vorher gehört zu haben, so ergeben sich für sie ganz leicht Zusammenhänge, und die Geburt Jesu begleitet wirklich die ganze Adventszeit und zeigt, dass wir nicht bloß auf die Geschenke unter dem Weihnachtsbaum warten. Am Hl. Abend kann dann nochmal Bezug auf diese Wegstationen genommen werden, bevor das Evangelium vom Hl. Abend gelesen oder erzählt wird.

Weihnachten

Das Weihnachtsfest beginnt am Hl. Abend, dem 24. Dezember. In vielen Familien gibt es abends die Bescherung. Die meisten Kinder freuen sich vor allem auf die Geschenke, aber es ist wichtig, dass der Hl. Abend nicht auf die Geschenke beschränkt bleibt. Wenn der Advent bewusst gestaltet wurde, bleibt dem Kind sicherlich der Eindruck davon, dass Weihnachten ein Fest ist, auf das man sich vorbereitet. Fehlt der Bezug zum Advent, reduziert sich sehr schnell alles auf einen Abend, an dem es Geschenke gibt, vielleicht noch verbunden mit Dekoration und einem geschmückten Baum. Um die Botschaft des Wunders der Menschwerdung Gottes bewusst aufzunehmen, ist es hilfreich, Angebote in der Pfarrgemeinde wahrzunehmen, wenn es Kinderweihnachtsfeiern, Krippenspiele oder Weihnachtsliedersingen gibt. Der Besuch der Christmette am Hl. Abend ist für Familien mit kleineren Kindern oft nicht möglich, die Messe am Christtag, dem 25. Dezember, ist aber vielleicht eher machbar. Es gibt den Feierlichkeiten einen besonders festlichen Charakter, wenn auch der Besuch der Kirche miteinbezogen wird.

Heiliger Abend

Viele Traditionen, die vielleicht auch innerhalb einer Familie gewachsen sind, werden mit der Feier des Hl. Abends verbunden. In vielen Familien gibt es besondere Speisen an diesem Tag, andere gestalten den 24. Dezember als Fasttag und essen erst am Abend. Manche entscheiden sich, erst am 25. Dezember zu feiern und den Hl. Abend einfach als gemütlichen Familienabend bei Kerzenschein zu gestalten. Es gibt keine Regeln, wie der Hl. Abend gestaltet werden „muss". Vor allem in Familien mit Partnern aus verschiedenen Ländern oder auch nur aus unterschiedlichen Regionen desselben Landes zeigen sich oft recht unterschiedliche Erwartungen an die Art des Feierns. Für viele Menschen ist Weihnachten nur als Großfamilie gefeiert ein „richtiges" Weihnachtsfest, andere sind lieber im kleinen Kreis der Familie und treffen sich erst am Christtag oder den folgenden Weihnachtsfeiertagen mit den Verwandten und Bekannten. Wichtig ist, dass sich die Familie dabei wohl fühlt und die Botschaft von Weihnachten nicht auf der Strecke bleibt.

Christkind und Weihnachtsmann

Regional sehr unterschiedlich ausgeprägt sind die Vorstellungen von Christkind und Weihnachtsmann. Im Alpenraum wird überwiegend das Christkind in den Mittelpunkt gestellt, aber vor allem in der Geschäftswelt hat der Weihnachtsmann mehr Aufmerksamkeit erlangt. Vielfach wird der Weihnachtsmann mit dem hl. Nikolaus in Verbindung gebracht (Santa Claus), und manchmal ist auch gar nicht so einfach festzustellen, wer der Weihnachtsmann genau sein könnte.

Für Kinder sind diese Hintergrundgedanken meist nicht bedeutsam – sie glauben an das Christkind genauso gerne wie an den

Weihnachtsmann. Beim Christkind jedoch ist es schwieriger, genau zu beschreiben, wie es „aussieht“ – es bleibt eine Art geheimnivolles Überlegen, wer nun genau das Christkind ist. Viele denken an eine Art Engel, und wieder andere sagen, das Jesuskind sei das „Christkind“. Beim Weihnachtsmann verhält es sich ähnlich, wobei er natürlich in fast jeder Schaufensterauslage oder in Schokoladenform anzutreffen ist. Auch zahlreiche Weihnachtsfilme erzählen vom Weihnachtsmann.
Nicht alle Eltern mögen es, ihren Kindern diese „Geschichten“ zu erzählen. Auch das hat seine Berechtigung, denn so manche Enttäuschung, wenn dann entdeckt wird, dass sowohl Weihnachtsmann als auch Christkind eigentlich die Eltern oder andere liebe Menschen sind, die die Geschenke besorgen, ist gar nicht so einfach für Kinder wegzustecken.
„Wir freuen uns so sehr über die Geburt Jesu, dass wir uns an seinem Geburtstag gegenseitig etwas schenken“, wäre ein Ansatz. Vor allem, wenn man mit den Kindern gemeinsam überlegt, welche Dinge besorgt oder selbst gebastelt werden könnten, um anderen Freude zu bereiten, wird Kindern der Sinn des Schenkens auf ganz andere Weise gezeigt, als wenn sie einfach nur selbst mit Geschenken am Hl. Abend überhäuft werden. Auch könnte man „Christkind“ oder „Weihnachtsmann“ miteinbeziehen und sagen: „Wir sind heute Christkind und machen der Oma eine kleine Freude zu Weihnachten.“

Gestaltung des Hl. Abends in der Familie

In vielen Gegenden ist der 24. Dezember ein ganz gewöhnlicher Arbeitstag – von Weihnachten ist nicht viel spürbar. Manche Betriebe schließen um die Mittagszeit, um den Arbeitern einen gemütlichen Nachmittag zur Vorbereitung des Weihnachtsfestes zu ermöglichen. Und manche Menschen besorgen selbst am Tag des Hl. Abends noch Geschenke oder kaufen im Supermarkt Unmengen an Nahrungsmitteln für die Feiertage.

Viele Menschen beklagen sich über Stress und fehlende Weihnachtsstimmung, dabei kann man selbst sehr viel für den eigenen inneren Weihnachtsfrieden tun. Wenn der Advent bewusst als eine besondere Zeit für die Familie und die Vorbereitung auf das Kommen Jesu erlebt wird, tritt der Geschenke-Gedanke meist automatisch ein wenig in den Hintergrund – allein das kann sehr viel Ruhe bringen. Überhaupt ist es lohnend, sich dem Gedanken „weniger ist mehr" zu öffnen. Auch nur ein einziges Geschenk für jeden in der Familie ist „genug" oder ein Verschenken von ausschließlich Selbstgemachten oder persönlich gestalteten Geschenken, die Wert auf die Freundschaft und Gemeinschaft legen (ein Gutschein für ein gemeinsames Essen, einen gemeinsamen Kinobesuch u. ä.), kann vom Trubel der Einkaufshektik befreien. Auch das rechtzeitige Überlegen der Speisen und das Besorgen der Zutaten noch vor dem 24. Dezembervormittag kann vieles lösen.

Der Christbaum und sein Schmuck

Auch wenn es gerade mit jüngeren Kindern oftmals einfacher wäre, den Baum alleine zu schmücken, so kann sich aus dem **gemeinsamen** Schmücken doch auch eine schöne Tradition ergeben. Jeder trägt etwas zur Gestaltung des Weihnachtsfestes bei, und auch die Zeit bis zum oft mit viel Spannung erwarteten Abend vergeht schnell, wenn es etwas zu tun gibt am Hl. Abend.

Schon der Kauf des Christbaums im Vorfeld kann ein Erlebnis für die ganze Familie sein. Es gibt zahlreiche Möglichkeiten, einen Baum zu erwerben. In manchen Gegenden kann der Baum sogar im Wald ausgesucht und selbst gesägt werden. Der Duft der Tannen- oder Fichtennadeln, der sich im Raum breit macht, sobald der Baum eine Weile dort steht, ist unvergleichbar und fehlt natürlich bei jedem Baum aus Kunststoff, der aber auch seine Berechtigung hat. Manche Familien besorgen einen „lebenden Baum", d.h. dieser Baum ist in einem Topf eingepflanzt und wird regelmäßig gegossen, sodass er im Frühjahr im Garten ausgepflanzt werden kann. Schmuck gibt es in allen erdenklichen Farben, Formen und Stilrichtungen zu kaufen. Schön ist es, wenn die selbstgemachten Basteleien der Kinder aus der Adventszeit oder auch aus Kindergarten und Schule einen Platz am Baum finden.

Christbaumgirlande

Gerade wenn sich viele selbstgemachte Dinge am Christbaum befinden, kann eine selbstgemachte Christbaumgirlande gut dazu passen. Wichtig ist, möglichst dicke Wolle zu verwenden und die einzelnen Girlanden möglichst lang zu machen, sodass sie wirklich mindestens einmal um den ganzen Baum herum passen. Eine Christbaumgirlande kann nach dem Weihnachtsfest auch als Schnur für Päckchen verwendet oder für das nächste Jahr aufbewahrt werden. Die Christbaumgirlande jedes Jahr aufs Neue herzustellen, beschäftigt besonders ungeduldige Kinder gut.

Was benötigt wird:

- sehr dicke Wolle (evtl. Filzwolle) in den gewünschten Farben
- evtl. ein Glitzerfaden, der dazugenommen werden kann
- evtl. Häkelnadel

Wie es gemacht wird:

Von der Wolle 3-4 gleich lange Stücke abschneiden, evtl. auch den Glitzerfaden hinzufügen und aus diesen Fäden eine Schnur drehen, d. h. ein Kind dreht auf der einen Seite nach rechts, das andere auf der anderen Seite nach links. Wenn die Fäden sehr eng miteinander verdreht sind, wird die Schnur in der Hälfte zusammengelegt und gut verknotet. Dann werden die verdrehten Schnüre etwas geglättet, und schon ist die Christbaumgirlande fertig. Eine weitere Möglichkeit ist es, eine Schnur zu häkeln. Gerade Grundschulkinder sind dazu durchaus schon in der Lage, und man kann sich dabei ja auch abwechseln.

Winterspaziergang

Weihnachten ist immer auch ein Fest, an dem uns bewusst wird, wie viel Wert jeder Einzelne von uns für Gott hat. Gott liebt die Menschen. Aus Liebe zu ihnen wurde er ganz leise Mensch. In der Natur unterwegs zu sein oder die Kraft der Natur auch mitten in der Stadt wahrzunehmen, kann die Augen öffnen und den Blick auf das Wesentliche wieder neu ausrichten. Einen Spaziergang zu unternehmen, die frische Luft tief einzuatmen, die Kälte zu spüren oder auch Sonnenstrahlen zu genießen, genauso wie das Trommeln von Regentropfen auf dem Schirm oder das sanfte Fallen von leichten Schneeflocken zu beobachten: All das kann zur Ruhe beitragen, die so oft gerade am Hl. Abend vergessen wird. Das Finden von schlichter und oft wirklich außergewöhnlicher Schönheit im Winter kann ein Lächeln ins Gesicht zaubern: ein dicker Eiszapfen, im Wasser festgefrorene Blätter, kräftig rot leuchtende Beeren an einem kahlen Ast ...

Auf dem Spaziergang in einer Kirche Halt zu machen, gemeinsam ein Weihnachtslied in der kalten Kirche zu singen, für sich allein oder mit der ganzen Familie zu beten und Gott zu danken – oder an einer Andacht, Kinderweihnachtsfeier oder einem Gottesdienst teilzunehmen, gibt der Feier des Hl. Abends noch einmal eine ganz besondere Orientierung.

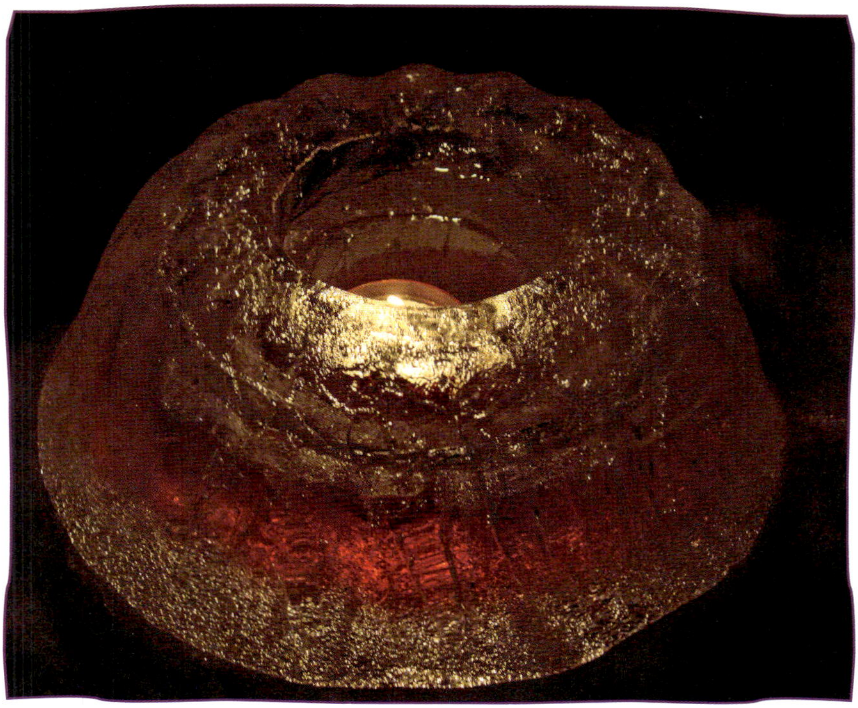

Weihnachtslaterne

Wenn es sehr kalt ist und vor allem in der Nacht Minusgrade herrschen, ist es möglich, eine Weihnachtslaterne (oder mehrere) zu gestalten. Dazu wird in eine Kuchenform Wasser gegossen, ins Wasser können verschiedene Beeren, Blätter, etwas Glitzerstaub oder andere Materialien hinzugegeben werden. Dann wird diese Form ins Freie gestellt und kann über Nacht frieren. Am nächsten Tag, dem Weihnachtsmorgen, wird die Kuchenform mit dem gefrorenen Wasser kurz hereingeholt und versucht, das gefrorene Wasser aus der Form zu nehmen. Am besten (und ohne Beschädigung) ist es, die Kuchenform kurz in heißes Wasser zu tauchen, so löst sich das Eis vom Rand, und die gefrorene Form lässt sich mühelos herausnehmen. Nun kann die Weihnachtslaterne aus Eis wieder ins Freie gestellt und in ihre Mitte eine Kerze gestellt werden.

Rituale am Heiligabend

Wenn es draußen ein klein wenig dunkel wird und die Zeit geeignet scheint (die Kinder also noch nicht übermüdet sind), ist es gut, ein sich alle Jahre in ähnlicher Weise wiederholendes Ritual als Familie zu leben. So haben vor allem die Kinder eine bessere Orientierung und können Zeiträume besser abschätzen. Auch ist es für die Eltern einfacher, sich nicht Jahr für Jahr etwas „Neues" zu überlegen, sondern einfach auf die Weise Weihnachten zu feiern, wie es sich für die Familie eingespielt hat (natürlich sind jederzeit Änderungen oder Neuerungen möglich, was vor allem mit dem Größerwerden der Kinder immer wieder angebracht sein könnte).

Ihr Kinderlein, kommet

Text: Christoph v. Schmidt 1818

Melodie: Johann Abraham Peter Schulz 1794

2. O seht in der Krippe, im nächtlichen Stall,
seht hier bei des Lichtleins hellglänzendem Strahl
in reinlichen Windeln das himmlische Kind,
viel schöner und holder, als Engel es sind.

3. Da liegt es, das Kindlein, auf Heu und auf Stroh,
Maria und Josef betrachten es froh;
die redlichen Hirten knien betend davor,
hoch oben schwebt jubelnd der Engelein Chor.

4. O beugt wie die Hirten anbetend die Knie,
erhebet die Hände und danket wie sie;
stimmt freudig, ihr Kinder – wer sollt sich nicht freun? –,
stimmt freudig zum Jubel der Engel mit ein!

5. O betet: Du liebes, du göttliches Kind,
was leidest du alles für unsere Sünd!
Ach, hier in der Krippe schon Armut und Not,
am Kreuze dort gar noch den bitteren Tod.

6. Was geben wir Kinder, was schenken wir dir,
du bestes, du liebstes der Kinder, dafür?
Nichts willst du von Schätzen und Freuden der Welt,
ein Herz nur voll Demut allein dir gefällt.

7. So nimm unsre Herzen zum Opfer denn hin;
wir geben sie gerne mit fröhlichem Sinn;
und mache sie heilig und selig wie deins
und mach sie auf ewig mit deinem in eins.

Der Blick auf den Advent

Ein letztes Mal die Kerzen am Adventskranz anzuzünden und über die vergangenen Wochen zu sprechen, sich der einzelnen Stationen von Josef und Maria in der Erwartung ihres Kindes zu erinnern und über den Weg durch den Advent zu sprechen, kann den **Weg miteinander im Advent** abschließen.

Gemeinsam essen

In den Weihnachtsfeiertagen gibt es sehr oft Besuch oder Einladungen mit reichlichem Essen. So bietet es sich an, am Hl. Abend ganz einfache Dinge vorzubereiten. Früher war der Hl. Abend ein Fasttag, an dem nur am Abend gegessen wurde, jedoch ohne Fleischprodukte. Ein klein wenig kann man sich von diesem Gedanken anstecken lassen und vielleicht einige Salate vorbereiten oder eine Suppe. Vielleicht gibt es auch traditionelle Gerichte in der Familie zum Hl. Abend – eine eigene kleine Essens-Familientradition kann das Feiern von Weihnachten auch zu etwas ganz Besonderem machen, vielleicht mit einem Gericht, das es nur am Hl. Abend gibt (ein besonderer Auflauf, eine spezielle Suppe ...).

Weihnachtsgeschichte und Krippe

Mit dem Blick auf den Adventskranz und den vier Stationen auf dem Weg von Maria und Joseph auf Weihnachten hin, kann das Jesuskind in die Krippe gelegt werden und dazu die Weihnachtsgeschichte erzählt oder vorgelesen werden.

Alle Jahre wieder

Text: Wilhelm Hey 1837
Melodie: Friedrich Silcher 1842

2. Kehrt mit seinem Segen ein in jedes Haus,
geht auf allen Wegen mit uns ein und aus.

3. Ist auch mir zur Seite still und unerkannt,
dass es treu mich leite an der lieben Hand.

Das kleine Licht

Es war einmal eine unscheinbare weiße Christbaumkerze. Sie lag in einer Schachtel voller Christbaumschmuck, bedeckt von silbrig glänzenden Girlanden und prallen roten Kugeln. Seit Jahren hatte sie niemand beachtet. Jedes Jahr kurz vor dem Weihnachtsfest hatten emsige Hände in die Schachtel gegriffen und ein weihnachtliches Schmuckstück nach dem anderen herausgenommen, um den Christbaum zu schmücken. Zwei Mal hatte jemand die Kerze kurz zur Hand genommen und gesagt: „Was macht denn diese eine Kerze noch hier? Soll ich sie wegwerfen?“ Jedes Mal war der weißen Kerze ganz angst und bange geworden, wenn sie das hörte. Doch jedes Mal war sie wieder in die Schachtel gelegt worden. Nach dem Weihnachtsfest waren alle Kugeln, Lichterketten und Girlanden wieder zurückgekehrt in die Schachtel und sie erzählten von den schönsten Festen. Ach, wie sehnte sich die kleine Kerze danach, auch einmal das Weihnachtsfest miterleben zu dürfen.

An einem Weihnachtsfest war sie wieder liegen geblieben und war traurig über ihre Einsamkeit in der großen dunklen Schachtel. Da hörte sie Stimmen: „Haben wir nicht irgendwo eine Kerze?“ fragte die eine, und eine andere antwortete: „Ich habe in der Schachtel mal eine gesehen.“ Dann öffnete sich der Deckel der Schachtel, und Hände suchten nach der Kerze. „Ah, hier ist sie! Wir brauchen nur noch Zündhölzer!“ Die Kerze war verwundert, ein bisschen stolz und zugleich sehr aufgeregt.

Als das Zündholz ihren Docht entflammte, blickte sie um sich. Sie sah einen dunklen Raum, neugierige Gesichter und das Glitzern der goldenen Kugeln am Baum. Keine Lichterkette brannte und auch die Lampen im Zimmer waren dunkel. Die Kerze war glücklich, dass alle sich an ihrem Licht zu freuen schienen, und mit jedem dankbaren Blick, der ihr entgegengebracht wurde, bekam sie Mut, noch mehr zu leuchten, und strahlte mit ihrer kleinen Flamme.
Da sagte eine Stimme: „Wie gut, dass wir dieses kleine Licht noch gefunden haben in der Schachtel. Sonst wäre unser Weihnachtsfest heute ganz schön dunkel geworden mit dem Stromausfall."

Die Weihnachtsfeiertage

Die Tage nach dem Hl. Abend werden als Weihnachtsfeiertage bezeichnet. Bis zum 6. Dezember, an dem an vielen Orten junge Menschen als hl. 3 Könige verkleidet umherziehen und Spenden für ausgewählte Projekte der Mission sammeln, ergibt sich so ein Abschluss der Weihnachtsfesttage.

Hl. Stephanus – 26. Dezember

Der Gedenktag des hl. Stephanus regt dazu an, über die eigene Freiheit im Glauben nachzudenken. In vielen Ländern der Erde werden auch heute noch Menschen verfolgt, weil sie an Gott glauben. Christenverfolgung ist auch heute aktuell. Nicht nur in dem Sinne, dass Menschen gefangen genommen und getötet werden, weil sie an Jesus Christus glauben, sondern auch indem Religion und die Werte des Glaubens in der Gesellschaft lächerlich gemacht werden und das Gefühl vermittelt wird: „Glaube ist nicht wichtig.“ Sein Leben Gott anzuvertrauen, Jesus Christus zu folgen – sich dazu offen und ehrlich zu bekennen, erfordert gerade in der heutigen Zeit Mut. Der hl. Stephanus und auch alle anderen Heiligen können Vorbild sein, um zu seinem Glauben zu stehen.

Legende

Stephanus war ein junger Mann, der sich vor allem um die Witwen und Waisen in Jerusalem kümmerte. Er war einer von sieben Diakonen, die von den Jüngern Jesu ausgewählt worden waren, um vor allem für die vielen armen Menschen in der Stadt da zu sein.
Stephanus wollte den Menschen den Weg zu Jesus Christus zeigen und machte sich so viele Feinde, die Veränderungen im Tempelkult oder in den Traditionen nicht wollten. Stephanus wurde vor ein Gericht gestellt und ist der erste Nachfolger Jesu, von dem berichtet wird, dass er deswegen sterben musste. Stephanus wurde vor den Toren Jerusalems gesteinigt, bat Gott um Verzeihung für dieses Vergehen und sagte: „Vergib ihnen diese Taten, denn sie wissen nicht, was sie tun.“ Der Tod des Stephanus war der Anfang einer großen Christenverfolgung, an der sich auch Saulus, der spätere Apostel Paulus, beteiligte.

Johannestag – 27. Dezember

Am Fest des hl. Johannes ist es eine weit verbreitete Tradition, den Johanniswein zu segnen. Schon früh wird davon berichtet, dass dieser Wein das ganze Jahr über bei den verschiedensten Leiden Linderung verschaffen sollte.
Auch wird während des Gottesdienstes der Wein an alle gereicht, um sie vor Krankheit und allem Übel zu beschützen. Sogar Kinder dürfen an diesem Tag einen kleinen Schluck davon zu sich nehmen, um den Schutz des hl. Johannes zu erhalten.
Diese Tradition geht darauf zurück, dass Johannes einst einen Becher mit vergiftetem Wein zu sich genommen hatte, um einen Götzendiener zu bekehren. Nachdem Johannes ein Kreuz über dem Becher gemacht hatte, wurde das Gift zum Schrecken aller Ungläubigen in die Gestalt einer Natter verwandelt, und der Wein hinterließ keinen Schaden bei Johannes.

Fest der Hl. Familie

Das Fest der Heiligen Familie wird in der Regel am Sonntag nach dem Weihnachtsfest gefeiert und stellt Maria, Josef und ihr Kind Jesus in den Mittelpunkt. Die Verehrung der Hl. Familie ist erst seit dem 17. Jahrhundert überliefert und erfuhr im 19. Jahrhundert einen Aufschwung. Es ist ein Tag, der nicht nur die Hl. Familie bedenkt, sondern alle Familien ehrt. Einander in Treue verbunden zu sein, miteinander als Eltern gemeinsam mit den Kindern durch das Leben zu gehen, auch wenn es Schwierigkeiten gibt, ist keine Selbstverständlichkeit. Die Bibelstellen des Festes der Hl. Familie lassen erkennen, dass auch Maria und Josef kein einfaches Leben mit ihrem Kind hatten. Je nach Lesejahr wird von der Flucht nach Ägypten, der Darstellung Jesu im Tempel oder von der Rede des 12-jährigen Jesus im Tempel von Jerusalem berichtet. Die Hl. Familie zu feiern, kann Anlass geben, diesen Tag ganz bewusst als Familie miteinander zu erleben, vielleicht Erinnerungen wachzurufen, ein alljährliches Familienfoto zu machen oder auch einfach gemeinsam zu essen, spazieren zu gehen oder etwas Besonderes unternehmen.

Ein neues Jahr mit Gottes Segen beginnen

Silvester und Neujahr sind Tage, die in aller Welt mit viel Lärm und Festlichkeit gefeiert werden. Der Jahreswechsel gibt aber auch Anlass, Rückblick zu halten und vor allem für jenes, das gut und gelungen war in diesem Jahr, zu danken. Viele Gemeinden bieten einen Dankgottesdienst an – es kann aber auch zu Hause in kleinem Rahmen Gott gedankt werden.

Dankbarkeitszweige

Von einem Spaziergang können verschiedene Zweige mitgebracht und zu Hause dann in eine Vase an einem besonderen Platz aufgestellt werden. Wenn der Christbaum schon abgeschmückt wurde, kann vielleicht hier der richtige Ort für die Vase der Dankbarkeitszweige sein. Diese Dankbarkeitszweige können in der Silvesternacht beim Warten auf das mitternächtliche Feuerwerk geschmückt werden, auch mit Gästen ist dieses Ritual eine schöne Möglichkeit der kurzen Besinnung und lässt das Jahr mit guten Gedanken ausklingen.

Was benötigt wird:

- Seidenpapier in verschiedenen Farben
- Zirkel, Schere, Locher
- Bindeband
- grünes Tonpapier

Wie es gemacht wird:

Aus drei verschiedenfarbigen Seidenpapieren werden verschieden große Kreise ausgeschnitten, übereinandergelegt und so zusammengehalten, dass in der Mitte unten alle Papiere zusammengefasst werden können. Dort wird diese Seidenpapierblüte mit einem Faden fixiert. Aus dem grünen Tonpapier werden Blätter ausgeschnitten und diese mit einem Loch, durch das ein Bindfaden gezogen wird, versehen.

Die Blumen werden auf die kahlen Zweige gebunden. Gemeinsam oder auch einzeln kann überlegt werden, wofür mit Blick auf das zu Ende gehende Jahr gedankt werden möchte. Dies wird stichwortartig auf das Blatt geschrieben und jenes zu einer Blüte hinzugebunden.

Von guten Mächten wunderbar geborgen

In Hinblick auf ein neues Jahr, das alle Möglichkeiten offenhält, ist es gut, sein Leben getragen zu wissen. Der Text des Liedes „Von guten Mächten wunderbar geborgen" passt gut zu allen Facetten, die es im menschlichen Jahreslauf gibt. Um das neue Jahr willkommen zu heißen, kann man miteinander am Silvesterabend oder am Neujahrsmorgen eine Kerze anzünden (vielleicht eine neue Kerze auf dem Familien-Esstisch) und den Text lesen oder gemeinsam singen.

Von guten Mächten

T: Dietrich Bonhoeffer, Widerstand und Ergebung, © 1998, Gütersloher Verlagshaus, Gütersloh, in der Verlagsgruppe Random House GmbH
M: Siegfried Fietz, © ABAKUS Musik Barbara Fietz, 35753 Greifenstein

2. Noch will das Alte unsre Herzen quälen,
noch drückt uns böser Tage schwere Last.
Ach Herr, gib unsern aufgeschreckten Seelen
das Heil, für das du uns geschaffen hast.

3. Und reichst du uns den schweren Kelch, den bittern,
des Leids, gefüllt bis an den höchsten Rand,
so nehmen wir ihn dankbar ohne Zittern
aus deiner guten und geliebten Hand.

4. Doch willst du uns noch einmal Freude schenken
an dieser Welt und ihrer Sonne Glanz,
dann wolln wir des Vergangenen gedenken,
und dann gehört dir unser Leben ganz.

5. Lass warm und hell die Kerzen heute flammen,
die du in unsre Dunkelheit gebracht,
führ, wenn es sein kann, wieder uns zusammen!
Wir wissen es, dein Licht scheint in der Nacht.

6. Wenn sich die Stille nun tief um uns breitet,
so lass uns hören jenen vollen Klang
der Welt, die unsichtbar sich um uns weitet,
all deiner Kinder hohen Lobgesang.

Symbole wie Hufeisen, Kleeblätter, Fliegenpilze, Schornsteinfeger oder Glücksschweinchen begegnen jedem in der Zeit des Jahreswechsels. Vielfach werden diese Glücksbringer in dieser Zeit als Dekoration verwendet und landen danach nicht zu selten im Abfall. Gerade in Hinblick auf ein nachhaltiges und bewusst gestaltetes Leben wäre es vielleicht besser, Alternativen im Schenken von Glücksbringern zu wählen. So können z. B. Kekse in eben diesen Formen gebacken werden, vielleicht mit Zuckerguss verziert und hübsch in einer kleinen Tüte verpackt als Neujahrsgruß verschenkt werden. Auch aus Papier ausgeschnittene Glücksbringer zu einer Girlande gefädelt können den Raum verschönern. Erfreuen können mit Kartoffeldruck gefertigte Karten (auch mit kleineren Kindern gut herstellbar) zum Neuen Jahr an liebe Bekannte oder kleine schwimmende Glückskerzchen in Nussschalen.

Kleeblätter aus Pfeifenputzern

Was benötigt wird:

Mehrere grüne Pfeifenputzerstangen

Wie es gemacht wird:

Ein Pfeifenputzerstück wird nach etwa 1/3 Länge zu einem Blatt gedreht, dann folgen noch drei weitere (die Finger dienen dabei als „Maß“). Das Reststück des Pfeifenputzers wird dann um das Drittel des Anfangs herumgewickelt, sodass das Kleeblatt gut hält.

Glückskäferstein

Was benötigt wird:

- Steine in ovaler oder rundlicher Form
- Acrylfarben (rot, schwarz, weiß)

Wie es gemacht wird:

Die Steine werden gut gesäubert und anschließend wie Marienkäfer mit den Acrylfarben bemalt. Nach dem Trocknen können die Steine noch lackiert werden, auch mit etwas Babyöl eingerieben, beginnen die Steine zu glänzen.

Nussschalen-Wünsche zum neuen Jahr

Was benötigt wird:

- Kerzenreste
- Backpapier
- Docht
- Hälften von Walnuss-Schalen

Wie es gemacht wird:

Die Walnussschalenhälften werden auf ein Blatt Backpapier gelegt, eine alte Kerze wird angezündet. Der Docht wird in die Nusshälfte gehalten, und mit der Kerze wird langsam das flüssige Wachs hineingetropft. Erst wenn dieses vollständig ausgekühlt ist, wird der Docht in die richtige Länge gekürzt. Diese Kerzenschiffchen können in eine

Schale mit Wasser gegeben und nach und nach entzündet werden. Je mehr Schiffchen hergestellt wurden, umso mehr Wünsche können weitergegeben werden. Mit jedem Schiffchen, dessen Docht entzündet wird, werden gute Gedanken für jemanden in der Familie ins neue Jahr geschickt. Einerseits kann gegenseitig etwas gewünscht werden, andererseits kann auch jeder für sich einen Wunsch (oder mehrere) äußern.

Zur richtigen Zeit am richtigen Ort

Bernhard war ein fleißiger Mann. Er bemühte sich, seine Arbeit gut zu erledigen, unternahm oft mit seinen Kindern etwas und arbeitete mit seiner Frau jeden Abend ein wenig im Garten. Eigentlich war er sehr glücklich mit seinem Leben. Es gab da nur eine kleine Sache, die ihn störte: Bei seiner Arbeit gab es einen, der immer weiter die Karriereleiter hinaufkletterte. Und er? Er blieb unten, obwohl er so fleißig war und alles tat, was sein Chef von ihm verlangte, manchmal sogar etwas mehr.
Oft betete Bernhard und klagte Gott sein Leid. Als sein Kollege wieder einmal eine wunderbare Chance bei der Arbeit bekommen hatte und er selbst nicht, wurde Bernhard wütend. Er schimpfte auf Gott und beklagte sich. Er wollte nicht mehr an Gott glauben, wenn dieser ihm nicht endlich helfen würde.
Am nächsten Tag sollte ein wichtiges Treffen stattfinden. Bernhard hatte seinen besten Anzug angezogen und war zeitig losgefahren. Da geschah ein Unfall, und er musste in einer langen Autoschlange warten, bis die Rettungsleute die Unfallopfer geborgen hatten. Bernhard ärgerte sich und dachte keine Minute an die Menschen, die bei diesem Unfall verletzt worden waren, weil er zu sehr mit sich selbst beschäftigt war. Da sah er in einiger Entfernung einen anderen Mann vor seinem Auto stehen, aus dessen Motor es rauchte und qualmte. Bernhard warf einen Blick auf die Uhr und seufzte: niemals würde er es noch pünktlich zum Treffen schaffen. Er stieg aus seinem Auto und ging hinüber zum qualmenden Auto. Er half dem Fahrer, das Auto aus dem Verkehr zu schieben und den Pannendienst anzurufen. Der Mann bedankte sich bei Bernhard und sagte: „Du warst ein richtiger Engel für mich in der Not. Gott segne dich."
Bernhard setzte sich wieder in sein Auto und freut sich ganz tief in seinem Innersten. Da hatte ihm jemand Gottes Segen zugesagt, einfach so. Sein eigenes Auto war unversehrt, er selbst war in keinen Unfall geraten. Er war gesund. Ja, er fühlte sich wirklich von Gott gesegnet. Und mit einem Mal wurde das Treffen unwichtig, auch die versäumten Chancen bei der Arbeit. Bernhard warf einen Blick auf die Uhr und seufzte: Ja, dieses Treffen würde er nicht mehr rechtzeitig schaffen. Aber trotzdem war er genau zur richtigen Zeit am richtigen Ort gewesen.

Epiphanie – Fest der Hl. Drei Könige – 6. Januar

Das Fest der „Erscheinung des Herrn“ wird am 6. Januar gefeiert. Im Volksmund wird das Fest häufig als „Dreikönigsfest“ bezeichnet. Auch die Bibelstellen, die an diesem Tag in der Liturgie gelesen werden, erinnern an die drei Weisen, die von weit her gereist waren, um dem neu geborenen König im Stall zu huldigen. In vielen Kirchen gestalten die Sternsinger (meist Jugendliche als orientalische Könige verkleidet) diesen Gottesdienst mit. Diese Sternsinger erinnern an die drei Weisen, die an Jesu Krippe kamen und danach weiterzogen und in aller Welt von diesem neuen König berichteten. Die Sternsinger oder drei Könige wandern von Haus zu Haus, erinnern mit ihrem Zeugnis an Jesu Geburt und weisen darauf hin, dass jene drei Weisen als erste Missionare gelten.

Traditionell werden am 6. Januar Kreide, Weihrauch und Wasser gesegnet – mit der geweihten Kreide wird an den Hauseingang die Jahreszahl und C+M+B geschrieben, das Lateinische „Christus Mansionem Benedicat“, das so viel bedeutet wie „Christus segne dieses Haus“. Der Weihrauch erinnert an die Gaben der drei Weisen und das geweihte Wasser an Jesu Taufe am Jordan sowie an die eigene Taufe, durch die jeder von uns berufen ist.

Dreikönigskuchen

In vielen Gegenden gibt es die Tradition des Dreikönigkuchens. Dieser ist ein Kranz aus Hefeteig, in den eine Münze, Mandel oder andere Nuss eingebacken ist. Zudem wird eine goldene Papierkrone gebastelt und bereitgestellt. Wer am Morgen des 6. Jänner beim Frühstück diese Münze oder Nuss in seinem Kuchenstück findet, darf die Krone aufsetzen und gilt für einen Tag lang als „König der Familie".

Was benötigt wird:

- 1 Pkg. Trockenhefe oder ½ Würfel frische Hefe
- 50 g geschmolzene Butter
- 250 ml handwarme Milch
- etwas Salz
- 500g Mehl
- 1 Ei
- 5 TL Zucker
- Rosinen
- 1 Mandel/Münze/Nuss
- 1 Eigelb
- Hagelzucker

Wie es gemacht wird:

Die frische Hefe wird in die warme Milch gebröckelt (Trockenhefe würde unter das Mehl gemischt werden). In einer großen Schüssel werden Mehl, etwas Salz und Zucker miteinander vermischt. Die geschmolzene Butter und die warme Milch werden hinzugegeben. Das Ei verquirlen und hinzufügen. Alles gut miteinander verkneten und dann gut zugedeckt an einem warmen Ort ruhen lassen, bis der Teig etwa auf die doppelte Größe aufgegangen ist.

Danach den Teig vierteln, aus einem Viertel eine große Kugel für die Mitte des Dreikönigskuchens formen, die drei anderen Viertel jeweils halbieren, daraus sechs Kugeln formen und in einer von ihnen die Mandel/Münze/Nuss verstecken und im Kreis rund um die große Kugel andrücken. Die Stellen, an denen die Kugeln aneinander haften sollen, können mit etwas Wasser befeuchtet werden, sodass sie besser halten. Den Kuchen mit dem Eigelb bestreichen und mit Hagelzucker bestreuen, noch einmal etwa 20 Minuten ruhen lassen und anschließend bei ca. 200 Grad für 30-40 Minuten goldbraun backen.

Drei Könige an der Krippe

Der Morgen des Dreikönigstags ist jener, an dem die Figuren der Hl. Drei Könige bei der Weihnachtskrippe zu Maria, Josef und dem Jesuskind gestellt werden. Zugleich kann von diesen drei Männern erzählt werden, die dem Kind Gold, Weihrauch und Myrrhe brachten.

Königskronen aus Filz

Was benötigt wird:

- Bastelfilz
- Perlgarn

Wie es gemacht wird:

Aus dem Bastelfilz werden drei Kronen ausgeschnitten und mit Perlgarn bestickt bzw. Bastelfilz beklebt. Motive dafür könnten die Anfangsbuchstaben C, M, B sein – die natürlich für die drei Königsnamen „Casper, Melchior, Balthasar" gehalten werden können, aber vor allem „Christus Mansionem Benedicat" symbolisieren. Die Kronen können zudem mit Sternen verziert werden. Danach werden sie an ihren Enden jeweils zusammengenäht und können entweder von den Kindern des Hauses getragen oder am Tisch rund um eine Kerze platziert werden. Auch auf dem Adventstisch, bei der Krippe können sie Platz finden.

Taufe des Herrn

An diesem Fest wird der Taufe Jesu im Jordan gedacht. In vielen Pfarrgemeinden findet an diesem Tag eine Erneuerung des Taufversprechens statt oder es gibt sogar eine Taufe. In der Familie kann an diesem Tag die Taufkerze entzündet und die Fotos von der Taufe betrachtet werden. Es ist ein Tag, der ein Gespräch über die Taufe und ihre Bedeutung ermöglicht. Für jüngere Kinder kann ein Bezug zur Erstkommunion gezeigt und die Vorfreude auf dieses Sakrament gefördert werden. Mit dem Fest der Taufe des Herrn endet der Weihnachtsfestkreis.

Zeit im Jahreskreis

Nach den Weihnachtsfeiertagen folgt eine **Zeit im Jahreskreis**, die verschiedene Festtage kennt, jedoch nicht von einem Fest wie Weihnachten oder Ostern so stark geprägt ist, dass die Zeit als Vorbereitung für jene gilt.

Maria Lichtmess – 2. Februar

Das Fest **Maria Lichtmess** war lange Zeit ein Fest, das Maria in den Vordergrund rückte. In den letzten Jahrzehnten wurde immer mehr der Name „Darstellung des Herrn" in den Mittelpunkt gestellt. So wird an diesem Tag der Text aus der Bibel gelesen, der sich mit der Einführung Jesu in den Tempel befasst. Im alten Judentum war es Vorschrift, dass eine Frau nach Abklingen der Blutungen nach der Geburt des Kindes ein Opfer im Tempel darbrachte. Es war zugleich der erste Besuch Jesu in Jerusalem und war ein besonderes Ereignis, zumal Simeon und Hanna im Tempel erkannten, dass dieses Kind der Messias war.

In manchen Regionen gilt der 2. Februar als letzter Tag der Weihnachtszeit, und erst an diesem Tag wird der letzte Weihnachtsschmuck abgeräumt. Vor allem die Krippen stehen in den Kirchen bis zu diesem Tag. Eigentlich wurde das Ende der Weihnachtszeit aber mit dem 6. Jänner, dem Fest der Epiphanie/Dreikönig festgelegt.

In der Tradition werden zu Maria Lichtmess in der Kirche Kerzen gesegnet, die Unheil abwenden sollen, wenn sie im Laufe des Jahres entzündet werden. Es bietet sich an, eine große (evtl. gemeinsam gestaltete) Kerze, die während des Jahres einen festen Platz im Haus hat (z.B. am Küchentisch), an diesem Tag segnen zu lassen.

Hl. Blasius – 3. Februar

Der Blasiussegen ist ein sehr altes Ritual der Kirche, bei dem auf einem gekreuzten Kerzenhalter zwei brennende Kerzen in die Nähe des Halses gehalten werden und ein Segensgebet durch den Priester oder Diakon gesprochen wird, das Gesundheit und Segen für das kommende Jahr bringen soll.

Legende

Blasius von Sebaste war ein Bischof in der Türkei, im heutigen Gebiet von Armenien. Bevor er zum Bischof ernannt wurde, war er als Arzt tätig und erreichte Berühmtheit, weil er alle Menschen behandelte, unabhängig von ihrem Ansehen oder ihrem Vermögen. Viele Berichte über erfolgreiche Behandlungen verstärkten seine Bekanntheit, wie etwa die Rettung eines Mannes in Gefangenschaft, der an einer Fischgräte zu ersticken drohte.

Blasius wurde in der Zeit der Christenverfolgung grausam gefoltert und sollte seinem Glauben an Jesus Christus abschwören, ließ sich jedoch nicht einschüchtern. Letztlich sollte er in einen Teich geworfen werden, jedoch schlug Blasius ein Kreuz über dem Wasser und stand aufrecht. Er sagte zu seinen Verfolgern, dass – wenn auch ihre Götter so große Macht hätten wie sein Gott – sie ihm auf das Wasser folgen sollten. Jedoch ertranken alle, die diesen Versuch unternahmen. Blasius wurde dann mit zwei anderen Gefährten im Jahr 316 enthauptet. Zuvor betete er für alle Menschen, die ein Halsleiden hatten, dass sie gesunden mögen.

Der hl. Blasius gilt als einer der 14 Nothelfer und wird besonders bei Halsbeschwerden und Problemen im Kopfbereich um Hilfe angerufen.

Faschingszeit

In den Wochen vor Beginn der Fastenzeit gibt es die verschiedensten Traditionen zum Fasching. Fastnacht, Maskenbälle, Maschgererumzüge – jede Region kennt ihre eigenen Brauchtümer, Feste und Speisen in dieser Zeit.

Es ist gut, sich ein wenig anstecken zu lassen von dem Trubel dieser Tage. Viele Brauchtümer haben Hintergründe aus längst vergangenen Tagen, in denen es noch darum ging, den Winter „auszutreiben“ und den kommenden Frühling lautstark und voller Freude zu begrüßen. Auch das Vertreiben von bösen Geistern oder Dämonen war das Ziel vieler unheimlicher Masken, die vor allem bei großen Umzügen in Dörfern und Städten Eindruck machen.

Die Kirche kennt den Fasching als solchen nicht, jedoch haben Freude, ausgelassene Stimmung und farbenfrohe Gesellen auch in der Kirche einen Platz. Dass sich Menschen wohlfühlen, gemeinsam feiern und essen, gehört zu den Grundvollzügen des christlichen Lebens. Gerade als Familie kann in Gesellschaft der Fasching mitgelebt werden, aber auch im Kleinen dieser bunten Zeit ein wenig Aufmerksamkeit geschenkt werden.

Faschingsgirlanden

Bunte Girlanden können das ganze Haus schmücken oder auch ein Fenster oder aufgelegt auf dem Küchentisch eine farbenfrohe Dekoration sein. Die Einfachheit in der Herstellung ermöglicht es, auch mit kleineren Kindern zu basteln. Außerdem ist der Kauf von Bastelpapier nicht notwendig, da buntes Altpapier, Geschenkpapierreste u. ä. verarbeitet werden können.

Was benötigt wird:

- Bunte Papiere, Geschenkpapierreste, Altpapier, Zeitungen ...
- Klebestift

Wie es gemacht wird:

Das Papier wird in Streifen geschnitten, entweder alle in derselben Länge (z. B. 20 cm) und Breite (z. B. 5 cm) oder jeder Streifen unterschiedlich. Der erste Streifen wird zu einem Kreis gebogen und an den Enden zusammengeklebt. Der nächste Streifen wird durch diesen Ring geschoben und dann auch zu einem Kreis gebogen, verklebt usw., bis die Girlande die gewünschte Länge erreicht hat. Eine weitere Möglichkeit ist es, das Papier in „Hexentreppen" zu falten (d. h. die Streifen wie über Kreuz an den Anfängen übereinanderlegen und dann immer abwechselnd übereinanderfalten. Besonders mit Krepppapier haben Hexentreppen-Girlanden einen schönen Effekt.

Faschingsschminke selber machen

Was benötigt wird:

- Hautcreme
- Babypuder
- Lebensmittelfarbe (Pulver oder flüssig)

Wie es gemacht wird:

1 EL Hautcreme wird mit 1 EL Puder gut vermischt, danach wird immer wieder ein klein wenig Lebensmittelfarbe hinzugerührt, bis der gewünschte Farbton erreicht ist. In kleinen verschließbaren Bechern ist diese Schminkfarbe einige Tage verwendbar und kann leicht mit einem feuchten Lappen oder bloßem warmen Wasser abgewaschen werden.

Tischdekoration aus bunten Schneckenhäusern

Was benötigt wird:

- Schneckenhäuser
- Lebensmittelfarbe (Ostereierfarbe)
- Essig

Wie es gemacht wird:

Die Lebensmittelfarbe wird mit etwa 250 ml handwarmem Wasser und ein 1 EL Essig angerührt, danach werden die Schneckenhäuser in das Gefäß mit der Farbe gegeben und so lange in der Flüssigkeit belassen, bis sie den gewünschten Farbton erreicht haben. Danach werden sie herausgenommen (dabei das Innere des Schneckenhauses entleeren!) und auf ein Küchenpapier zum Trocknen aufgelegt. Um die Schneckenhäuser zum Glänzen zu bringen, können sie mit etwas Babyöl eingerieben werden.

Faschingskuchen für die Kostümparty

Was benötigt wird:

- 1 Becher Sauerrahm
- 250 g Mehl
- 250 g gemahlene Nüsse
- 150 g Kakao
- 200 g Zucker
- 4 Eier
- 1 Päckchen Backpulver
- 100 g Kokosflocken
- 200 ml Orangensaft
- etwas abgeriebene Zitronenschale
- Marmelade (für die Füllung)
- Schokoladeglasur, bunte Schokolinsen (für die Dekoration)

Wie es gemacht wird:

Alle Zutaten außer Marmelade, Glasur und Schokolinsen werden miteinander vermischt und in eine gut gefettete Form gegeben. Bei ca. 180° C wird der Kuchen für ca. 40 min gebacken. Nach dem Abkühlen wird der Kuchen halbiert und mit Marmelade gefüllt. Danach wird der ganze Kuchen mit Schokoladeglasur überzogen und mit den Schokolinsen verziert.

Mutprobe: Glauben

In einer Stadt war einmal ein Zirkus zu Gast. An einem Sonntagnachmittag spannte ein Artist ein langes Seil zwischen dem Kirchturm und dem Rathaus. Dort balancierte er hin und her, nahm einmal eine lange Stange mit und ein anderes Mal wagte er einen Sprung hoch in die Luft. Die Menschenmenge, unten am Kirchplatz staunte: Was dieser Artist sich alles traute!

Da nahm er eine Schubkarre und wollte von einem Ende des Seils zum anderen hinüberwandern. Ein Raunen ging durch die Menschenmenge, und manche riefen: „Nein, mach das nicht! Du fällst noch herunter!" Wieder andere machten dem Artisten Mut und meinten: „Du schaffst das, nur Mut!"

Der Artist blickte hinunter und fragte einen Mann, der ihn besonders laut ermutigt hatte: „Traust du mir zu, dass ich mit der Schubkarre von einem Ende zum anderen balancieren kann?" Der Mann rief: „Aber natürlich!" Da antwortete der Artist: „Na, dann komm herauf und setze dich in die Schubkarre, dann schaffen wir es gemeinsam." Da war der Mann nicht mehr begeistert und verschwand schnell in der Menge. Da meldete sich plötzlich ein kleines Mädchen und rief hinauf: „Ich will in die Schubkarre, wir schaffen das!" Die Menschen rund um das Kind wurden unruhig, und viele sagten: „Nein, das ist viel zu gefährlich. Mach das nicht." Aber das kleine Mädchen lachte nur vergnügt und rief: „Keine Sorge, das da oben, das ist doch mein Vater!"

Hl. Valentin – 14. Februar

Der Valentinstag ist ein sehr alter christlicher Feiertag, der den hl. Valentin, der im Jahr 269 am 14. Februar hingerichtet wurde, ehrt.

Legende

Valentin war ein einfacher Priester, der trotz eines Verbots von Kaiser Claudius II. liebende Paare nach christlichem Ritus miteinander vermählte. Es wird überliefert, dass Valentin den frisch verheirateten Paaren Blumen aus seinem Garten schenkte und so diesen Menschen auf ihrem gemeinsamen Lebensweg Glück und Segen wünschte. Der Ärger des Kaisers über sein Verhalten war so groß, dass er ihn enthaupten ließ.

Valentinsherzen

Einfache Herzen können rund um den Valentinstag aus Bienenwachsplatten mit Keksformen ausgestochen werden und auf Äste in einer Vase oder ins Fenster gehängt werden. Auch können sie als kleines Geschenk für liebe Menschen dienen,

oder eine Kerze für den Valentinstag wird gebastelt, indem die ausgestochenen Herzen fest auf eine Stumpenkerze aufgedrückt werden. Nach dem Valentinstag können die Wachsherzen noch lange als Dekoration dienen oder für einzelne Geschenke zu Geburtstagen oder anderen Anlässen als Anhänger verwendet werden.

Herzen-Girlande

Aus Papier in verschiedenen Rottönen werden Streifen von etwa 20 cm Länge abgeschnitten, diese Stücke werden dann in der Mitte quer gefaltet, die Enden zur Mitte hin eingebogen, so dass eine Herzform entsteht, und zusammengeklebt. Mehrere miteinander verbundene Herzen ergeben eine einzigartige Girlande, die aufgehängt werden kann oder auch einfach in der Mitte des Tisches liegen kann. Eine schöne Möglichkeit ist es, eine solche Girlande für eine Hochzeit zu basteln und das frisch vermählte Paar damit zu überraschen.

Holzherzen

Auf ein altes Brett (kann auch abgewittert sein) werden Herzformen aufgemalt und mit einer Stichsäge ausgesägt. Mit einem Bohrer kann noch ein Loch gebohrt werden, um das Herz aufzuhängen. Bei dünnerem Holz kann auch mit einer Laubsäge gearbeitet werden. Die Herzen eignen sich als Dekoration, aber auch als Halskette mit einem Lederband. Außerdem können die Herzen auf ein langes Stück Draht gefädelt werden und zwischen ihnen bunte Glasperlen einen Platz finden.

Valentinskarte

Was benötigt wird:

- Stoffreste oder Papier
- Karte

Wie es gemacht wird:

Aus dem Stoff wird ein Herz ausgeschnitten und mit der Nähmaschine auf die Karte genäht. Wenn keine Nähmaschine vorhanden ist, kann das Herz auch aufgeklebt werden (oder jenes aus Papier). Eine solche Karte kann auch als Hochzeitskarte verwendet werden.

Wohlfühlpolster mit Herzapplikation

Was benötigt wird:

- Polsterinlet
- Stoffe in mind. zwei Musterungen/Farben

Wie es gemacht wird:

Je nach Größe des Polsterinlets wird ein Streifen aus einem Stoffstück geschnitten, der etwa zweieinhalb Mal so lang ist wie die Länge des Inlets und knapp 5 cm breiter als die Breite des Inlets. Danach wird der Streifen an den Enden doppelt umgebügelt und festgenäht. Nun wird der Streifen so gefaltet, dass die Vorderseite des Polsters glatt ist und auf der Rückseite die Stoffe ein wenig überlappend übereinander liegen. Die Vorderseite wird mit Stecknadeln markiert und kann nun mit Herzen appliziert werden. Anschließend wird der Stoffstreifen rechts auf rechts wieder zusammengelegt und an den Rändern mind. füßchenbreit abgesteppt. Durch den überlappenden Stoff auf der Rückseite entsteht ein „Hotelverschluss“, durch den sich das Polsterinlet ganz einfach hindurchstecken lässt.

Die Liebe

Es war einmal ein wissbegieriger König, der alles wissen wollte. So beauftragte er seine Gelehrten, alles Wissen der Welt zusammenzufassen. Sie machten sich an die Arbeit, und nach vielen Jahrzehnten hatten sie all das gesammelte Wissen in 1000 Büchern aufgeschrieben. Der König, inzwischen schon alt geworden, sagte: „Ich bin schon so alt, das kann ich niemals alles lesen, bevor ich sterbe. Sucht nur das Wesentliche aus diesen vielen Büchern und schreibt es mir auf!"
Die Gelehrten machten sich erneut an die Arbeit und fassten das Wichtigste in einem einzigen Buch zusammen. Jedoch – als sie es fertig gestellt hatten, lag der König im Sterben und sagte: „Ich habe keine Kraft, all das noch zu lesen." Trotzdem wollte er das Wesentliche erfahren von all den wichtigen Dingen, die im Buch aufgeschrieben standen. Da nahm der Vorsitzende das Buch, blättere ein wenig darin und sagte: „Nun, das Wesentliche: Die Menschen lebten, litten und starben. Aber was zählte und überlebte, das ist die Liebe."

Den Valentinstag feiern

Häufig hört man den Vorwurf, der Valentinstag sei ein reines Fest der Blumenindustrie. Ganz von der Hand zu weisen ist dieser Vorwurf nicht. Viele Feste wurden von Menschen mit Geschäftssinn für sich entdeckt. Es geht aber gar nicht darum, den Partner am Valentinstag mit Blumen und Geschenken zu überhäufen. Vielmehr kann dieser Tag zum Anlass genommen werden, um wieder einmal die Fotos vom Anfang der Liebesgeschichte mit den Kindern gemeinsam anzusehen oder über die Beziehung nachzudenken und darüber ins Gespräch zu kommen. Viele Kinder sind sehr interessiert zu erfahren, wie ihre Eltern sich kennengelernt hatten. Außerdem können durch die Erinnerung an vielleicht längst vergangene und möglicherweise sogar vergessene Tage wieder Gefühle aufkommen, die seit dem Zauber des Anfangs einer Liebesgeschichte ein wenig verblassten. Trotzdem tun sie aber auch nach vielen Jahren Beziehung gut! Ein gemeinsames Abendessen (ohne Kinder) kann vielleicht ein kleines „Valentinstagsritual" werden.

Osterfestkreis

Frühlingszeit im Jahreskreis

Wenn die Fastenzeit beginnt, ist meist auch der Frühling nicht mehr weit. Manchmal liegt noch Schnee, aber sobald die Tage länger werden und die Sonne spürbar wärmt, ist es erstaunlich, wie schnell der Schnee wegschmelzen kann. Innerhalb weniger Tage zeigt sich dann eine braungelbe Landschaft, in der ab und an schon ein kleines bisschen Grün sichtbar wird. Es ist nicht immer einfach, an den ersten warmen Frühlingstagen ruhig zu bleiben und nicht gleich in die nächste Gartenhandlung zu gehen und Blumen zu kaufen, im Garten zu graben oder Pflanzen zu setzen. Demut ist wichtig an den ersten Frühlingstagen, denn Frost und Kälte, vielleicht noch einmal Schneefall oder stürmische Winde sind im Frühling keine Seltenheit. Die Natur kennt ihre eigenen Gesetze, sie lässt das Leben langsam erwachen und kennt ein plötzliches Dasein nicht. Lange kündigen sich bestimmte Ereignisse an, es ist für alle spürbar, dass die Tage heller, wärmer und länger werden – und auch so manches Schneeglöckchen wagt sich schon aus der dunklen Erde, die es den ganzen Winter lang verborgen hielt. Jedoch: alles hat seine Zeit.

Die Jahreszeiten sind gute Lehrer für den Menschen, besonders der Frühling. In ihm versammelt sich geballte Lebenskraft und die Entfaltung ungeahnter Möglichkeiten, aber es gibt auch Rückschläge, kalte und eisige Wintertage mitten in der vermeintlichen Wärme. In einer solchen Zeit auf Ostern zuzugehen, ist ein wunderbares Er-

lebnis. Tag für Tag durch die Fastenzeit sich selbst zu spüren als Teil der Schöpfung, als Wesen, das von der Natur getragen und beeinflusst wird ... oder auch einfach das Beobachten der Pflanzen und Tiere. Selbst durch eine dicke Schneedecke, die über Nacht fällt, lässt sich der Frühling nicht vertreiben. Der Schnee schmilzt weg, die zarten Frühlingspflänzchen haben vielleicht ein bisschen darunter gelitten, aber sie leben weiter.

Manchmal verhält es sich so ähnlich mit dem Glaubensweg eines Menschen: es ist schwer, Rückschläge und Frustration auszuhalten. Nicht immer ist ein gutes Ausgehen einer Situation absehbar, manchmal ist die Angst vor der Last einer schweren Schneedecke groß. Und doch: es lohnt sich, weiterzumachen: Kräfte zu sammeln, in sich zu gehen, Beziehungen zu stärken, das Gebet neu zu entdecken, eine Gemeinschaft zu finden und letztlich gestärkt aus einer Krise hervorzugehen. Die Fastenzeit ist eine gute Zeit, um ganz bewusst Hand in Hand mit der Natur zu gehen. So wird auch das Osterfest am Ende der 40 Tage ein ganz besonderes sein, ein Fest der Auferstehung.

Aschermittwoch

Der Aschermittwoch markiert den ersten Tag einer 40tägigen Fastenzeit, die an die Zeit Jesu in der Wüste erinnern, in der er betete und fastete. Die Fastenwochen sind durchbrochen von den Sonntagen, an denen nicht gefastet wird.

Am Aschermittwoch werden die Menschen mit einem Kreuz aus Asche bezeichnet, die aus den verbrannten Palmzweigen des Vorjahres besteht. Mit diesem Ritual soll an die Vergänglichkeit des Menschen erinnert und somit zur Umkehr aufgerufen werden. Jedes Jahr aufs Neue haben Menschen so die Möglichkeit, durch ein bewusstes Erleben der Fastenzeit – sei es durch Verzicht, sei es auch durch eine besondere Schwerpunktsetzung im Alltag oder durch vertieftes Gebet – einen neuen, bewussteren Zugang zum Glauben zu finden, der in den Alltag hinauswirken kann und das ganze Jahr über trägt.

Der Aschermittwoch gilt als strenger Fasttag (ähnlich dem Karfreitag), mit welchem auch alle Faschingsbrauchtümer der vergangenen Wochen abgeschlossen sind. Von den ursprünglich sehr streng eingehaltenen Vorschriften zur Fastenzeit sind Kinder und ältere Menschen (ab 60 Jahre), sowie schwangere und stillende Frauen und auch Menschen mit Krankheit befreit.

Am Aschermittwoch kann – wie auch am Karfreitag – vor allem in Familien der Grundsatz gelten: „Weniger ist mehr.“ An diesem Tag bewusst auf Fleisch- und Wurstwaren zu verzichten, kann ein Zeichen sein. Vielleicht gibt es die Möglichkeit, eine bestimmte Fastenspeise einzuführen, die immer am Aschermittwoch gekocht wird, wie beispielsweise eine Fastensuppe. Der Verzicht auf Süßigkeiten, Säfte oder andere liebgewonnene Leckereien kann diesem Tag auch den Kindern eine besondere Bedeutung verleihen.

Fasten- Kartoffelsuppe

Was benötigt wird:

- pro Person etwa drei Kartoffeln
- 1 Zwiebel
- Salz, Pfeffer, Muskat, Lorbeerblatt
- Wasser mit einem Suppenwürfel oder fertige Bouillon

Wie es gemacht wird:

Die Zwiebel wird fein gewürfelt und in einem Topf mit etwas geschmolzener Butter angeschwitzt. Die Kartoffeln werden geschält, in kleine Stücke geschnitten und hinzugegeben. Nach kräftigem Umrühren werden die Kartoffeln und Zwieblen mit Wasser aufgegossen und ein Suppenwürfel hineingebröselt (alternativ kann auch fertige Bouillon verwendet werden). Etwas Salz und Pfeffer, sowie geriebene Muskatnuss werden hinzugegeben. Ein oder zwei Lorbeerblätter können den Geschmack abrunden. Immer wieder wird gut umgerührt und für etwa eine halbe Stunde köchelt die Suppe. Danach kann (wenn die Kartoffeln weich sind) die Suppe püriert oder auch in der ursprünglichen Variante genossen werden. Mit Schnittlauch oder Parmesankäse bestreut ist die Kartoffelsuppe eine gut sättigende Fastenspeise.

Kresse-Eier

Was benötigt wird:

- gut gereinigte Eierschalenhälften
- Watte
- Kresse-Samen

Wie es gemacht wird:

Die Eierschalenhälften werden mit ein klein wenig Watte befüllt, gut befeuchtet und dann mit Kressesamen bestreut. Innerhalb weniger Tage wächst bei guter Feuchthaltung aus den Eierschalen frische Kresse, die einerseits eine schöne Dekoration am Ostertisch ist, aber auch zum Salat oder auf einem Butterbrot frisch genossen werden kann. In der Fastenzeit kann der essbare Tischschmuck an Tagen, an denen bewusst auf Fleisch- und Wurstprodukte verzichtet wird (z. B. Aschermittwoch, Gründonnerstag, Karfreitag ...) eine Besonderheit darstellen.

Fastenbaum

Aschermittwoch ist ein guter Zeitpunkt, um miteinander als Familie einige Fastenziele festzulegen. Jeder entscheidet für sich, worauf er bereit ist zu verzichten. Die Aussicht auf die fastenfreien Sonntage kann es erleichtern, das Ziel auch zu erreichen. Möglich ist der Verzicht auf bestimmte Speisen, aber auch auf Computerspiele oder ständigen Fernsehkonsum. Vielleicht ist es aber auch das bewusste Übernehmen einer Aufgabe (z. B. das tägliche Entleeren des Mülleimers oder das Reinigen des Badezimmers usw.).

Was benötigt wird:

- Äste in einer Vase (Weidenzweige, Obstbaumäste)
- Papierstreifen für jedes Familienmitglied
- Klebestift

Wie es gemacht wird:

Jeder überlegt sich ein Fastenziel und schreibt es mit einem Stichwort auf den Papierstreifen, dieser wird dann um einen Ast geklebt und bleibt dort als kleine Erinnerung die ganze Fastenzeit über. Außerdem wird ein Korb mit verschiedensten Dekorationsstücken für die Osterzeit neben die Vase gestellt. An jedem Sonntag kann – wenn die Woche über das Vorhaben für die Fastenzeit eingehalten wurde – ein Stück davon aufgehängt werden (bemalte Ostereier, gefaltete Hühner usw.). So wird der Fastenbaum bis zum Osterfest immer bunter, wie auch die Vorfreude auf diesen besonderen Sonntag.

Osterweg/Fastenzeit

Die Vorbereitungszeit auf Ostern ist relativ lang. Es gibt viele Möglichkeiten, diese Zeit bewusst für sich und als Familie zu gestalten. Die Fastenzeit wird meist mit Verzicht in Verbindung gebracht, jedoch ist es auch schön, den Blick auf das Gute und Schöne im Leben zu richten und ihm mehr Wertschätzung entgegenzubringen. Dies kann das bewusste Spazierengehen jeden Tag bei Wind und Wetter sein oder auch das Einkaufen von besonderen Produkten, die aus verantwortungsvoller und nachhaltiger Produktion stammen. Vielleicht ist es auch das besondere Genießen von freien Abenden und das Nutzen derselben für die Familie (und nicht für den Haushalt oder das

Fernsehen): gemeinsam ein Spiel spielen, miteinander Fotos zu sortieren und in ein Album zu kleben usw.
Der Weg auf Ostern hin kann so verschieden verlaufen, wie die Familien sind, die ihn gehen.

1. Fastenwoche: Ruhe

Die erste Woche beginnt mit dem 1. Fastensonntag. Die Tage vom Aschermittwoch bis dorthin können zur Findung eigener Schwerpunkte dienen, das Gestalten eines **Fastenbaums** am Aschermittwoch kann schon einige Gedanken ordnen, jedoch braucht das bewusste Gehen des Osterweges Zeit und Ruhe. In einem ganz gewöhnlichen Alltag mit Familie, Beruf und anderen Herausforderungen ist es nicht immer einfach, ruhige Momente zu finden, in denen man bereit und offen für das Gebet, das Nachdenken und Planen der nächsten Woche oder des kommenden Tages ist. Das Ziel der ersten Fastenwoche kann es also sein, für **Ruhe** zu sorgen. In sich und um sich. Täglich Momente zu finden, zu erkennen und zu bewahren, in denen es möglich ist, ganz für sich zu sein und sich nur einem Augenmerk zu widmen.

Es gibt unterschiedliche Möglichkeiten für diese **Ruhe**, die großen Wert hat und aus der man gestärkt hervorgeht, wenn sie auch mitunter nur einige wenige Minuten dauert.

- etwas früher am Morgen aufstehen und die Stille im Haus ganz bewusst wahrnehmen
- ein Spaziergang in einer ruhigen Gegend (Wald, Feldweg, Flussufer ...)
- eine Kerze anzünden (dabei kann auch die ganze Familie ganz ruhig zusammensitzen)

- den Blick aus dem Fenster schweifen lassen
- unter der Dusche stehend, mit allen Sinnen wahrnehmend
- bei der Gartenarbeit, beim Einpflanzen von Blumen und Kräutern
- beim Zubettbringen der Kinder, ruhig am Bett sitzen und warten, bis das Kind schläft
- beim Radfahren
- beim Fahren mit der U-Bahn, Straßenbahn oder dem Bus
- vor dem Einschlafen am Abend im Bett

2. Fastenwoche: Wahrnehmen

Immer noch ist es wichtig, auf Ruhephasen im Laufe eines jeden Tages zu achten. Jedoch sollte in der zweiten Woche auch noch Raum für etwas anderes sein, das bewusste **Wahrnehmen.** Es geht darum, wach durch den Alltag zu gehen und mit allen Sinnen wahrzunehmen, was um einen geschieht. Es geht um das Beobachten der Mimik und Gestik des Gegenübers, mit dem man gerade spricht. Es geht um das Sehen der Veränderungen in der Natur, das Entdecken der ersten grünen Spitzen, die das Kommen der ersten Schneeglöckchen ankündigen. Den Wind auf der Haut fühlen und das Rauschen der Bäume im Wald hören, wenn es starken Wind gibt. Auch das Wahrnehmen seiner selbst ist wichtig. Schon am Morgen beim

Blick in den Spiegel sich selbst in die Augen zu sehen und sich selbst willkommen heißen in diesem neuen Tag. Beim Frühstück den Duft des Kaffees vor dem ersten Schluck genießen und jedes Kind wirklich verabschieden, bevor es sich auf den Weg in die Schule macht. Die kalten Hände des einen Kindes wahrnehmen und ihm Handschuhe mitgeben und das offene Schuhband beim anderen Kind sehen und es ihm zubinden, einfach so. Auch wenn es das vielleicht schon längst selber kann. Es sind oft Kleinigkeiten, die den Unterschied zwischen bloßem Wahrnehmen und aufrichtigem Wahr- und Ernstnehmen machen.

- früh am Morgen Zeit für sich selbst nehmen und in sich hineinzuspüren: Wie fühle ich mich? Wie geht es mir? Was geht mir durch den Kopf?
- aufrichtiges Zuhören: sich hinsetzen bei einem Gespräch und nicht nebenbei alles mögliche andere erledigen
- beim Spazierengehen wirklich **nur** spazieren gehen und nicht nebenbei telefonieren
- beim Kochen Zutat für Zutat befühlen, riechen und sich Zeit nehmen für das Vorbereiten einer Speise
- Menschen beobachten (im Bus, in der U-Bahn ...) und ihre Gesichter betrachten, sich hineinfühlen und auch in sich selbst hineinfühlen
- bewusstes Begrüßen und Verabschieden des Partners, der Kinder ... – es bleibt nicht bei einem bloßen Ruf aus der Küche, sondern es geht um das Handgeben, Umarmen, einen Kuss geben, über das Haar streichen.

3. Fastenwoche: Veränderung

Im Frühling verändert sich die Natur. Sie erwacht langsam, erfährt immer wieder Rückschläge durch Schnee, Eis und Wind – und entwickelt sich doch weiter. Im Laufe eines Lebens ist es ähnlich. Da verändert sich so manches, auch das Empfinden der Kirche, des Glaubens und seiner Grundsätze. In der Fastenzeit kann man als Vorbereitung auf das Osterfest genau dem nachspüren, was Veränderung bedeutet und welche Rolle sie im eigenen Leben spielt. Das Wetter beobachten, in den Garten oder zu den langsam blühenden Blumen im Park blicken, die kühlen Temperaturen fühlen und die ersten richtig warmen Tage genießen – das öffnet die Augen für die Veränderungen im Kleinen, die schon durch einen Wetterumschwung für einen selbst gut wahrnehmbar sind. Auf diesem Weg sich zu fragen, was und wer den eigenen Glaubensweg geprägt hat, welche Ereignisse Zweifel wachriefen und was dem Vertrauen hilft, ist ein Schritt auf dem Glaubensweg, der ins weitere Leben hineinwirken kann.

- den eigenen Lebensweg aufzeichnen, wichtige Stationen/Ereignisse/Erinnerungen darauf markieren
- Fotos betrachten, sich an Besonderheiten zurückerinnern
- Tag für Tag aufmerksam die Natur beobachten, evtl. auf der Fensterbank in einem Topf einige Frühblüher setzen und ihr Wachstum bis zur vollen Blüte Schritt für Schritt begleiten
- dem eigenen Weg durch die Fastenzeit nachfühlen: hat sich etwas verändert?
- dem eigenen Glauben ein wenig folgen: welche Bilder haben sich gewandelt?

4. Fastenwoche: Glauben

Es ist nicht immer einfach, einen tiefen und felsenfesten Glauben zu bewahren. Vielen Menschen ist das grundfeste Glaubenkönnen und -wollen der Kindheit abhandengekommen. Manchmal haben persönliche Krisen im Leben dazu beigetragen, andere Male kann es von außen Einflüsse gegeben haben, die Fragen unbeantwortet ließen. Und gar nicht so selten kam die Leere im Glauben schleichend, vielleicht durch einen Wohnortwechsel, durch den Verlust familiärer Strukturen und Traditionen, durch andere Interessen, die mehr Aufmerksamkeit erfuhren. Vieles ist denkbar. Wichtig ist, dass der Glaube wie ein Same wahrgenommen werden kann, der aufblühen, wachsen und geerntet wird oder auch einfach auf den Boden fällt und verdorrt. Doch auch für einen sehr lange gelagerten Kern gibt es die Möglichkeit, zu neuem Leben zu erwachen. Wenn er einige Zeit feucht gehalten und ihm Beachtung geschenkt wird, kann er austreiben und Kräfte mobilisieren, die zuvor undenkbar schienen.

Eine Woche lang dem eigenen Glaubensweg Aufmerksamkeit zu schenken, kann über manches Aufschluss geben, vielleicht ein wenig Klarheit bringen oder auch darauf hinweisen, was besonders wichtig erscheint, wo mehr Erfahrung guttun kann oder welche Bereiche vielleicht ein wenig Pause brauchen.

- sich an Kindergebete, besondere Ereignisse in der Kindheit zurückerinnern
- Punkte notieren, die Krisen im Glauben mit sich gebracht oder ausgelöst haben
- jenen Dingen Aufmerksamkeit schenken, die bestärken und guttun
- einen Brief (auf Papier oder in Gedanken) an Gott schreiben, mit allen Anliegen, Sehnsüchten, Wünschen, Bitten, Zweifeln, Ängsten, Sorgen ...

5. Fastenwoche: Sprechen

Es ist nicht immer leicht, die richtigen Worte zu finden. Auf dem Weg in Richtung Ostern kann die Möglichkeit wahrgenommen werden, sich über seine eigene Art zu sprechen Gedanken zu machen und daraus vielleicht eine neue Sprache zu Gott zu finden. Beten bedeutet ja nicht das bloße Wiederholen von bekannten Versen, sondern vor allem ist das Gebet ein Sprechen mit Gott, ähnlich einem Gespräch mit einem guten Freund, der zuhört und alles aufnimmt, auch wenn man mehrere Anläufe braucht, um etwas so auszudrücken, wie man sich das vorstellt. Es ist nicht immer einfach ganz frei zu beten, aber es gibt kleine Hilfen, die einen Weg zu einem guten Sprechen mit Gott, das wohltuend, befreiend und vielleicht auch tröstend ist, zu finden.

- in Gedanken mit Gott sprechen
- einen Brief schreiben, im Tagebuch aufschreiben, was man Gott sagen möchte
- einen ruhigen Platz finden und erzählen, was einen bewegt
- beschreiben, was um einen herum geschieht, was bewegt, traurig macht oder auch Wut auslöst – alle Gefühle und Gedanken haben vor Gott Platz
- das Sprechen mit Gott kann mit einem Kreuzzeichen beginnen und enden oder mit einem bekannten Gebet schließen oder eröffnet werden

Oster- und Frühlingsaktivitäten mit Kindern

Die ersten Frühlingsblumen, das fröhliche Zwitschern der Vögel und auch die vielen Traditionen rund um das Osterfest, wie das Färben von Eiern oder das Backen von Osterlämmern, lassen die Lust am Gestalten und miteinander Erleben wachsen. Gerade mit Kindern gibt es viele Möglichkeiten, diese Zeit vor dem Osterfest kreativ zu erleben.

Frühblüher in der Dose

Was benötigt wird:

- Blumenerde, evtl. etwas Sand
- Blumenzwiebeln (z. B. Hyazinthen, Narzissen, Tulpen ...)
- Konservendosen
- Masking-Tape in verschiedenen Farben

Wie es gemacht wird:

Die sauber ausgewaschenen und von Papier befreiten Konservendosen werden mit Masking-Tape beklebt, dabei kann die ganze Dose, aber auch nur ein Teil davon verziert werden. Danach wird Erde eingefüllt, evtl. mit etwas Sand durchmischt und die Blumenzwiebeln hineingesetzt. Es ist auch möglich, die bunten Dosen als Übertopf zu benutzen und die Blumenzwiebeln in einem eigenen Töpfchen in die Dose hineinzustellen. Alles wird gut gegossen (soll aber nicht schwimmen!) und an einem hellen, warmen Platz aufgestellt. Innerhalb weniger Wochen ist ein kleiner fröhlicher Garten im Haus entstanden.

Oster-Ringe

Was benötigt wird:

- 500 g Mehl
- 500 g Topfen/Quark
- 125 g Margarine
- 2 Eier
- 2 Päckchen Vanillezucker
- 1 TL Soda
- etwas Rum, Wodka oder anderen Alkohol
- Mais- oder Sonnenblumenöl
- Staubzucker

Wie es gemacht wird:

Die Zutaten werden gut miteinander vermixt und zum Schluss kurz miteinander verknetet. Der Teig wird sofort dick ausgerollt und kreisförmig ausgestochen (mit einem Glas oder einer Keksform), dann wird in der Mitte des Kreises noch ein kleinerer Kreis ausgestochen (z. B. mit einem Deckel einer Ölflasche o. ä.) und diese Ringe dann in heißem Öl ausgebacken (in einer Pfanne oder in der Fritteuse). Wichtig ist, das Wenden nicht zu vergessen. Anschließend werden die Osterringe mit Staubzucker bestreut und können frisch genossen werden. Aber auch zum Einfrieren eignen sich diese Ringe gut. Außerdem schmecken sie auch nach einigen Tagen immer noch vorzüglich, wenn sie in ein Tuch oder einen Sack eingehüllt aufbewahrt werden.

Hefe-Osternest

Was benötigt wird:

- 500 g Mehl
- 70 g Zucker
- 1 Würfel frische Hefe
- 200 ml handwarme Milch
- 100 g weiche Butter
- 1 Prise Salz
- 2 Eier

Wie es gemacht wird:

Zucker, Mehl und Salz werden in einer Schüssel vermischt, die Hefe wird hinzugegeben und mit etwas warmer Milch in einer Mulde verrührt. Etwas Mehl auf die Hefe-Milch-Mischung geben und die Schüssel abgedeckt etwa 15 Minuten ruhen lassen. Die übrigen Zutaten dazugeben und alles zu einem glatten Teig kneten. Diesen mit einem Geschirrtuch abdecken und etwa 30 Minuten gehen lassen. Den Teig rechteckig auf einer bemehlten Fläche ausrollen, in Streifen schneiden und zu Zöpfen flechten, diese dann zu einem Kreis formen (mit etwas Wasser verkleben) und in der Mitte Platz für das Ei lassen (eine kleine Kartoffel in Alufolie wickeln und als Platzhalter mitbacken). Bei ca. 180° C das Hefegebäck für ca. 20-30 Minuten backen. Danach die Kartoffel bald herausnehmen und durch das gekochte und schon gefärbte Ei ersetzen (so hält dieses besser im Hefe-Osternest).

Genähte Osterdekoration

Was benötigt wird:

- Stoffreste
- Füllwatte
- Zackenlitze oder anderes dünneres Band

Wie es gemacht wird:

Aus dem Stoff werden jeweils zwei gegengleiche Motive aufgemalt und ausgeschnitten (z. B. Hasen, Ostereier, Blumen) und zu etwa 2/3 mit der Nähmaschine im Zick-Zack-Stich ganz am Rand sehr eng zusammengenäht, dann wird das Motiv mit etwas Watte gefüllt und fertig verschlossen. Ein Faden zum Aufhängen wird mit einer Nähnadel am oberen Ende durchgezogen, verknotet, und schon gibt es eine Dekoration für den Osterstrauch.

Ostereier-Decke

Was benötigt wird:

- weißer Stoff in gewünschter Größe
- Stickgarn in bunten Farben, passende Nadel

Wie es gemacht wird:

Wenn ein Stück Stoff verwendet wird, muss dieses zuerst an den Rändern gesäumt werden. Es ist aber auch möglich, eine schon fertige Stoffdecke zu verwenden. Anschließend werden mit buntem Stickgarn verschiedene kleine Ostereier in eine oder mehrere Ecken der Ostereier-Decke gestickt. Diese kann dann den Osterfrühstückstisch zieren oder für den Brotkorb verwendet werden.

Variante:

Aus dem Stoff kann auch ein kleiner Beutel genäht und mit vielen bunten Eiern bestickt werden. Er kann dann später mit kleinen Ostergeschenken gefüllt und verschenkt werden.

Dreieckshühner

Was benötigt wird:

- Stoffreste
- etwas Filz
- Knöpfe für die Augen
- Füllmaterial (Watte, Füllwolle, Füllgranulat)

Wie es gemacht wird:

Aus dem Stoffrest werden zwei gleich große Quadrate ausgeschnitten und an drei Seiten rechts auf rechts liegend zusammengenäht. An der obersten Seite wird ein kleines Dreieck mit der Spitze nach innen zeigend (der „Schnabel") und an der Oberseite ein „Kamm" für das Huhn ebenfalls nach innen zeigend eingenäht. Danach wird alles gewendet, leicht befüllt und an der Unterseite in der Breite zusammengefaltet und zusammengenäht. Dabei werden zwei zurechtgeschnittene „Füße" für das Huhn mitgenäht. So entsteht ein Huhn in Pyramidenform, das überall gut sitzen kann (auch auf Regalkanten). Zuletzt werden noch die Augen angenäht. Dies können Knöpfe sein, aber auch eine Stickerei mit Perlgarn wäre denkbar. Am oberen Ende des Huhns kann ein Faden durchgezogen werden, sodass es aufgehängt werden kann.

Frühlingsläufer

Was benötigt wird:

- 20 Stoffstreifen (oder mehr) á 5 x 40 cm
- großes Stoffstück für die Rückseite (mind. 45 x 110 cm)

Wie es gemacht wird:

Die Stoffstreifen werden an der Längsseite schmalkantig miteinander (rechts auf rechts liegend) vernäht, danach wird diese zukünftige Oberseite des Läufers gut gebügelt (Nähte auf der Rückseite auseinanderbügeln) und dann rechts auf rechts auf den Unterstoff gelegt. Die beiden Stoffe werden miteinander füßchenbreit vernäht, eine etwa 15 cm große Öffnung zum Wenden bleibt frei. Nach dem Wenden wird der Läufer gut gebügelt (die Ränder des Stoffes an der offenen Stelle werden nach innen gebügelt), und anschließend wird am Rand schmalkantig durchgehend abgesteppt.

Ostergeschenktaschen aus Papier

Was benötigt wird:

- Packpapier
- Nähseide

Wie es gemacht wird:

Aus dem Packpapier werden zwei gleich große Ovale ausgeschnitten. Dann wird auf die Vorderseite mit der Nähmaschine mit Zierstichen ein Muster gefertigt. Anschließend werden die beiden Ovale zu 2/3 füßchenbreit zusammengenäht, mit einem kleinen Geschenk befüllt (z. B. Süßigkeiten oder einer kleinen Bastelei), und der Rest wird zugenäht. Anschließend wird rund um das Osterei mit einer Zackenschere der Rand versäubert.

Quadratküken mit Feder

Was benötigt wird:

- Stoffreste
- bunte Federn
- etwas Filz
- Füllwatte
- Satinband
- Holzperlen

Wie es gemacht wird:

Aus den Stoffresten werden je zwei gleiche Quadrate ausgeschnitten und diese an drei Seiten zusammengenäht und mit etwas Füllwatte ausgestopft. Ein Band wird für die Beine des Kükens abgeschnitten, an den beiden Enden wird ein Knoten gemacht und das Band dann in einer Schlaufe in die noch offene Seite gelegt. Danach wird die Unterseite des Kükens zusammengenäht und an einem Ende noch eine Feder an der Außenseite mitgenäht. Als Augen werden Holzperlen aufgenäht, und aus dem Filz werden zwei kleine Dreiecke ausgeschnitten, die dann an einer Kante auf den Stoff geklebt werden. An der oberen Ecke wird ein dünner Nähfaden durchgezogen und verknotet – schon kann das Quadratküken mit Federn aufgehängt werden.

Osterkarten

Was benötigt wird:

- Karten
- Naturpapier, geschöpftes Papier
- Zackenlitze, dünne Spitze
- Klebestift oder Nähmaschine

Wie es gemacht wird:

Aus dem dickeren Papier wird eine auf die Karte passende Eiform ausgeschnitten, diese mit der Zackenlitze beklebt bzw. ein eigenes Arrangement mit Ostereiern aufgelegt und dann am Rand oder im Inneren des Motivs einige Millimeter vom Rand in geraden Stichen aufgenäht (kann auch geklebt werden).

Osterpost

Weit verbreitet ist es, zu Weihnachten Grüße zu verschicken. Aber auch am Osterfest ist es eine schöne Idee, den Großeltern oder anderen nahe stehenden Personen einen kleinen Gruß zu senden, der auf die Besonderheit des Osterfestes aufmerksam macht: Jesus ist auferstanden! Er lebt!

Papierhuhn und -hase

Was benötigt wird:

- Bastelpapier in rot und beige
- dünner Basteldraht
- Federn
- schwarze Nähseide

Wie es gemacht wird:

Aus dem hellen Papier wird für das Huhn ein Dreieck ausgeschnitten, für den Hasen eine Hasenkontur. Aus dem roten Papier werden Kamm/Schnabel für das Huhn und beim Hasen eine Blume ausgeschnitten. Die Einzelteile werden zusammengeklebt, aus dem dünnen Basteldraht Beine für das Huhn bzw. der Stängel für die Blume beim Hasen geformt und demselben aus der schwarzen Nähseide ein Schnurrbart aufgeklebt. Die Augen und der Mund können mit einem schwarzen dünnen Stift aufgemalt oder mit einer Stecknadel eingestochen werden.

Frühlingskarten

Was benötigt wird:

- Knöpfe
- Karten
- Buntstifte

Wie es gemacht wird:

Bunte Knöpfe werden ausgewählt und auf die Karte geklebt, danach werden mit Buntstiften Stängel und Blätter der Blume dazugemalt, evtl. Blütenblätter und sonstige Motive. Aus den Knöpfen kann auch ein Hase oder Käfer oder ein Osterei gestaltet werden. Auch können einzelne gemalte Motive (z. B. mit Wasserfarben) ausgeschnitten und auf eine Karte geklebt werden.

Ostergras

Gerade in der Zeit vor Ostern ist es nicht immer einfach, die richtigen Worte zu finden für Tod und Auferstehung. Mit Ostergras, das in Kreuzform gesät wird, kann der Symbolsprache der Bibel nachgespürt werden.

Was benötigt wird:

- Blumenerde
- Grassamen oder Schnittlauchsamen
- Unterlage, Alufolie

Wie es gemacht wird:

Auf eine wasserfeste Unterlage wird mit Alufolie ein Kreuz gelegt, evtl. werden auch Ränder aus Alufolie mitgeformt. Dort hinein wird Blumenerde gefüllt und die Grassamen ausgestreut. Alles muss jetzt über mehrere Tage gut feucht gehalten werden, und schon können die ersten Gräser wachsen. Mitten im Kreuz ist das starke, frische Leben spürbar.

Blumengirlande

Was benötigt wird:

- Papier in verschiedenen Farben (Geschenkpapierreste, Buntpapier ...)
- Stanzer mit Blumenmotiv

Wie es gemacht wird:

Aus den verschiedenen bunten Papieren werden zahlreiche Blumen ausgestanzt sodass genügend für eine Girlande vorhanden sind. Aneinandergeklebt können die Blumen dann eine schöne Dekoration im Raum, am Fenster oder rund um eine Lampe sein, aber auch als Tischschmuck dienen.

Filzkörbchen

Was benötigt wird:

- Bastelfilz
- Perlgarn
- Holzperlen

Wie es gemacht wird:

Aus dem Filz wird ein Kreis ausgeschnitten und ein Rechteck, das rund um diesen Kreis gelegt werden kann. Dieses wird dann an den Kreis (mit der Nähmaschine) angenäht. Danach wird das Körbchen gewendet und der obere Rand ein Stück weit heruntergeklappt. Mit Perlgarn und Holzperlen kann nun der kleine Filzkorb mit Stickereien verziert werden. Für kleine Ostergeschenke oder als Körbchen für gefärbte Eier eignet es sich hervorragend.

Osterei mit Feder zum Aufhängen

Was benötigt wird:

- Kunststoffeier
- Seidenpapier
- Serviettentechnik-Kleber
- bunte Federn

Wie es gemacht wird:

Das Seidenpapier wird in kleine Stückchen gerissen, die dann mit einem Pinsel und dem Kleber auf dem Ei gut festgestrichen werden. Das Ei muss gut bedeckt sein mit dem Papier. Nach dem Trocknen wird ein Faden durch die Öse gezogen und eine bunte Feder hindurchgesteckt.

Filzstiftostereier

Was benötigt wird:

- ausgeblasene Eier (möglichst hell oder weiß)
- Filzstifte
- Satinband

Wie es gemacht wird:

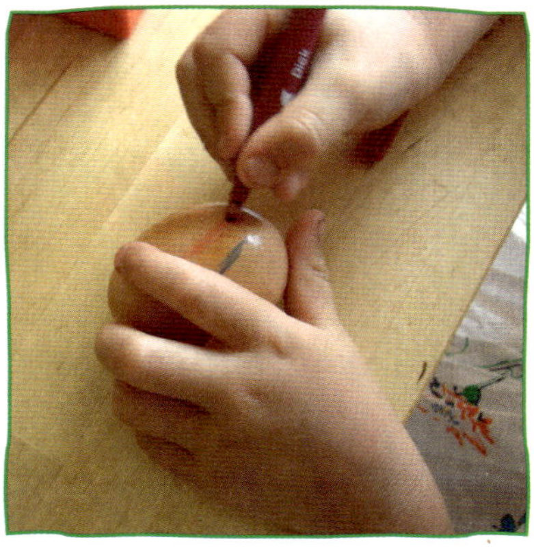

Die Eier werden auf einen dünnen Stab gesteckt oder vorsichtig mit der Hand gehalten und mit bunten Filzstiften nach Belieben verziert. Danach kann ein dünnes Satinband als Schlaufe durchgelegt werden und am unteren Ende verknotet. Das Ei kann nun am Osterstrauß aufgehängt werden.

Pfeifenputzer-Blumenstrauß

Was benötigt wird:

- Pfeifenputzer in verschiedenen Farben

Wie es gemacht wird:

Aus den Pfeifenputzern werden Blütenköpfe geformt oder ganze Blumen. Diese bunte Blumenpracht kann dann in einer schlichten Flasche zur Geltung gebracht werden. Auch Blätter können aus grünen Pfeifenputzern geformt werden.

Ostereier färben

Der Brauch, Ostereier zu färben, ist sehr alt. Er geht auf jene Zeit zurück, in der das Fasten sehr ernst genommen wurde und neben Fleischprodukten auch keine Eier verzehrt werden durften. Auf den Höfen sammelten sich in diesen Wochen dann unzählige Eier an, deren Frischhaltung nur durch Erhitzen gewährleistet werden konnte. So gab es viele hart gekochte Eier, die kurz vor Ostern (meist am Gründonnerstag) bunt gefärbt wurden, um der Freude über das nahende Osterfest Ausdruck zu verleihen. Früher wurden dafür hauptsächlich natürliche Farben verwendet, wie z. B. Zwiebelschalen oder stark färbende Obst- und Gemüsesorten (Rote Beete, Blaubeeren, Spinat). Diese wurden weich gekocht, dem dabei entstehenden farbigen Wasser wurde etwas Essig zugegeben und die warmen Eier darin gefärbt. Heute gibt es die unterschiedlichsten Farbmittel in Geschäften zu kaufen, von Marmorierfarben bis hin zu den ganz gewöhnlichen Lebensmittelfarben, die mit Wasser angerührt und durch einen Schuss Essig ergänzt werden. Wichtig ist, die noch warmen gekochten Eier zu färben, da die Farbe dann besser haftet.

Farbsymbolik

- Gelb: Licht, Sonne, Hoffnung
- Rot: Kraft, Lebensfreude, Opfertod Jesu Christi, Liebe
- Grün: Neubeginn, Frühling, Hoffnung, Leben
- Weiß: Reinheit
- Orange: Kraft, Ausdauer, Ehrgeiz
- Violett: Buße, Umkehr

Kräuter-Ostereier

Was benötigt wird:

- noch warme, hartgekochte Eier
- Ostereierfarben (oder der Sud einer natürlichen Farbe)
- Damenstrümpfe oder Strumpfhosen, dünner Bindfaden
- Kräuter, kleine Blätter, Gräser, Blütenköpfe

Wie es gemacht wird:

Die Strümpfe werden in kurze Stücke geschnitten, die die Eier gut umhüllen. Das Ei wird in den Strumpf geschoben, dabei werden zwischen Strumpf und Ei einige Blättchen, Blütenblätter und Gräser hinzugefügt. Dann wird der Strumpf oben und unten gut zugebunden, sodass die eingebundenen Kräuter nicht mehr verrutschen können. Alle Eier werden so vorbereitet und dann in das Farbbad gegeben. Nach dem Färben werden die Eier vorsichtig von Strumpf und Gräsern befreit und auf einem Stück Küchenpapier getrocknet. Danach können sie mit einem Stück Speckrinde oder etwas Öl eingerieben werden, um einen schönen Glanz der Eier zu erreichen.

Gemusterte Ostereier

Was benötigt wird:

- noch warme, hartgekochte Eier
- Ostereierfarben
- Wachsplättchen, Gummiringe, Ringaufkleber

Wie es gemacht wird:

Die Eier werden mit Gummiringen umspannt oder aus Wachsplättchen kleine Motive ausgeschnitten, die dann auf die Eier aufgedrückt werden. Danach werden die Eier gefärbt und anschließend, noch bevor sie zum Trocknen aufgelegt werden, von den Wachsstückchen bzw. den Gummiringen befreit.

ZIKOS

Palmsonntag und Karwoche

Der Palmsonntag markiert den Beginn der Karwoche. Die Passionsgeschichte beginnt mit dem Einzug Jesu in Jerusalem. Anhand dieser Geschichte kann man den Weg Jesu vom letzten Abendmahl über die Festnahme bis hin zur Kreuzigung, die am Karfreitag bedacht wird, nachgehen. Die Osternacht leitet die Wende ein, die Gottes Wirken in all dem menschlichen Leid zeigt.
Palmsonntag, Gründonnerstag, Karfreitag und Osternacht bzw. Ostermorgen sind von vielen Traditionen begleitet, einerseits liturgisch im Gottesdienst und bei Andachten, andererseits auch mit Blick auf bestimmte Bräuche und Speisen dieser Tage.

Palmsonntag

Am Palmsonntag wird dem Einzug Jesu in Jerusalem gedacht. Die Palmzweige dieses Tages, die im Gottesdienst geweiht werden (meist Zweige von Olivenbäumen und Weiden), erinnern an die Jubelrufe der Menschen in Jerusalem, als Jesus auf einem Esel sitzend in die Stadt einzog. Das jüdische Pascha- bzw. Pessachfest war der Grund für die großen Menschenmengen in Jerusalem, die dort zum gemeinsamen Feiern und Beten beim Tempel zusammengekommen waren. Die Prozession am Palmsonntag erinnert an diesen feierlichen Einzug Jesu in Jerusalem, auch die Gesänge „Hosanna, gelobt sei, der da kommt im Namen des Herrn!" weisen darauf hin.

Palmbuschen

Es gibt regional sehr unterschiedliche Bräuche, die Palmzweige zu dekorieren. An manchen Orten werden bloß kleine Sträuße aus Weidenkätzchen und Olivenzweigen gebunden, und anderswo gibt es lange Stangen mit aufwändig verziertem Grünzeug oder sogar aus Weiden geflochtene Kreuze an der Spitze der Palmstange. Vor allem für Kinder ist es ein besonderes Erlebnis, die Palmstange bei der Prozession zu tragen (je älter das Kind, umso höher kann die Stange sein). Es ist gar nicht so schwierig, eine Palmstange bzw. einen Palmbuschen selbst herzustellen. Nach dem Messbesuch wird die Palmstange an vielen Orten mitten in den Garten gestellt, um Krankheiten von Pflanzen und Menschen abzuhalten. Einige wenige kleine Olivenölzweige werden zum Kreuz, das im Haus hängt, gesteckt, und auch am Ostertisch darf ein Olivenzweig nicht fehlen. In manchen Gegenden bringen die Kinder nach dem Gottesdienst ihren Palmbuschen als Geschenk zu den Taufpaten.

Was benötigt wird:

- 2-3 größere Olivenölzweige
- mehrere Weidenkätzchenzweige
- Buchsbaum, Wacholder, Thujen und andere grüne Zweige
- Bambusstange in gewünschter Länge (kann beim bloßen Palmbusch weggelassen werden)
- Blumendraht, dicke Schnur
- rotes oder violettes Isolierband
- bunte Bänder (Krepppapier oder Textilbänder)
- Palmbrezen

Wie es gemacht wird:

Die Zweige werden alle in dieselbe Länge geschnitten und dann zu einem kräftigen Strauß zusammengebunden. Die mit Isolierband in weiteren Runden umwickelte

Stange wird mitten in den Strauß geschoben, der dann mit Blumendraht oder dicker Schnur fixiert wird. Danach wird der Buschen mit bunten Bändern und Palmbrezen geschmückt. Vor allem, wenn der Palmbuschen nach dem Palmsonntag in den Garten gestellt werden soll, ist es empfehlenswert, Textilbänder zum Schmuck zu verwenden.

Palmbrezen backen

Was benötigt wird:

- 300 ml handwarmes Wasser
- 1 Päckchen Trockenhefe oder ½ Würfel frische Hefe
- 1 gehäufter TL Salz
- 500 g Mehl
- 2 EL Wasser zum Bestreichen

Wie es gemacht wird:

Wasser, Hefe und Salz miteinander vermischen, dann das Mehl zugeben und den Teig für ca. 10 Minuten gut verkneten. Danach den Teig etwa 20 Minuten zugedeckt ruhen lassen und danach neuerlich kurz kneten. Den Teig an einem warmen Ort, gut zugedeckt, aufgehen lassen. Den Teig wieder kurz durchkneten, ca. 20-25 cm lange Rollen formen und diese zu Brezeln drehen. Die Brezeln auf ein Blech (am besten mit Backpapier auslegen) geben und mit etwas Wasser bestreichen. Bei ca. 200° C für etwa 30 Minuten backen und die Brezen auf dem Blech liegend auskühlen lassen.

Gründonnerstag

Am Gründonnerstag steht das letzte Abendmahl Jesu mit seinen Jüngern und die Fußwaschung im Mittelpunkt. Bei vielen Gottesdiensten wäscht der Priester symbolisch einigen Menschen aus der Pfarrgemeinde die Füße, um an das Geschehen zu erinnern.

Die Bezeichnung „grün" wirkt irritierend, genau geklärt ist ihr Ursprung bis heute nicht. Einerseits kann das Wort „grün" von „greinen" abgeleitet werden, was so viel wie „weinen, klagen" bedeutet oder auch „das Gesicht verziehen", dies wird besonders auf die frühchristliche Tradition bezogen, dass Sünder nach vollbrachter Bußzeit am Gründonnerstag das erste Mal wieder die Kommunion empfangen durften und somit sich von trockenem Reisig zu hoffnungsvoll grünen Zweigen gewandelt hatten – andererseits könnte auch in den frühen Jahrhunderten des Christentums die liturgische Farbe grün eine Rolle gespielt haben (heute wird weiß getragen). Es ist umstritten, welcher der vielen Erklärungsversuche stimmt. Überliefert ist die Tradition, am Gründonnerstag nur grüne Speisen zu sich zu nehmen, dies war vor Jahrhunderten so Brauch, um den Frühling und das neue Leben, das diese Jahreszeit mit sich bringt, zu verinnerlichen und so auch bereit für das Osterfest zu sein. Neben grünen Speisen gibt es auch die Tradition, am Gründonnerstag bunte Eier zu färben, die dann bei der Speisenweihe in der Osternacht gesegnet werden.

Grüne Suppe

Was benötigt wird:

- Zucchini, Brokkoli oder Erbsen
- Schnittlauch, Petersilie, Dill
- Salz, Pfeffer, Muskatnuss
- Bouillon
- 1 Zwiebel
- etwas Sahne

Wie es gemacht wird:

Die fein gewürfelten Zwiebel werden in etwas Butter angeschwitzt, das in grobe Stücke geschnittene Gemüse wird hinzugegeben und ein wenig gedünstet. Dann wird alles mit Bouillon aufgegossen und mit Salz, Pfeffer und etwas Muskatnuss gewürzt. Schnittlauch, Petersilie und Dille werden fein aufgeschnitten und hinzugegeben. Wenn das Gemüse gut weich gekocht ist, wird die Suppe püriert und mit etwas Sahne verfeinert.

Ratschen

In vielen Gegenden ist es Brauch, ab dem Gründonnerstag mit Ratschen durch das Dorf zu gehen, um die Gläubigen an die Besonderheit der Kartage und die Andachten zu erinnern. Vor allem Kinder (oft die Ministranten einer Pfarrgemeinde) gehen durch die Straßen und laden zur Kreuzwegandacht oder Anbetung ein. Ratschen sind sehr spezielle Instrumente, es können jedoch alle möglichen Klappern oder Rasseln verwendet werden, um den Zweck zu erfüllen.

Grüner Auflauf

Was benötigt wird:

- grüne Bandnudeln
- Spinat (Tiefkühlware)
- Salz, Pfeffer, Kümmel
- Schnittlauch, Petersilie
- Zwiebel, Knoblauch
- Semmelbrösel
- Bergkäse
- 250 ml Sahne

Wie es gemacht wird:

Die Bandnudeln werden in Salzwasser weich gekocht und abgetropft. Währenddessen wird die Zwiebel in einem Topf mit etwas Öl angeschwitzt, der Knoblauch hinzugefügt und der Spinat weich gedünstet. Mit den Kräutern und Gewürzen wird alles etwas abgeschmeckt und mit etwa einer Hand voll Semmelbrösel vermischt.

Danach wird in eine Auflaufform eine Schicht Nudeln gegeben und diese gut mit Käse bedeckt, anschließend wird alles gut mit Spinat zugedeckt und wieder Käse darüber gerieben. Danach folgt wieder eine Schicht Nudeln mit Käse, dann wieder der Spinat. Zum Schluss wird eine sehr kräftige Schicht Käse darübergestreut und alles mit etwas Sahne gleichmäßig übergossen. Bei ca. 200° C wird der Auflauf im Rohr gebacken, bis der ganze Käse verlaufen ist.

Karfreitag

Am Karfreitag wird dem Kreuzweg Jesu und seines Todes gedacht. In den meisten Pfarrgemeinden gibt es um 15 Uhr, die traditionell als Todesstunde Jesu gilt, eine Andacht mit Kreuzverehrung. Sehr oft wird dann eine Vase aufgestellt vor dem verhüllten Kreuz, und Kinder können Blumen hineinstecken.

Kreuzweg

Wenn es keine Möglichkeit gibt, an einem von der Pfarre gestalteten Kinderkreuzweg teilzunehmen, können die einzelnen Stationen in der Kirche auch mit den Kindern gemeinsam betrachtet werden und ihnen das Geschehen kurz dazu erzählt werden. Immer wieder kann man sich, je nach Alter der Kinder, auch Gedanken zu den einzelnen Stationen machen und der Bedeutung des dort dargestellten Handelns ein wenig nachfühlen. Ein Lied zu singen oder ein Vaterunser zu beten, kann den Kreuzweg abschließen.

1. Station: Jesus wird zum Tode verurteilt.

Jesus wird von Pilatus zum Tode verurteilt. Auch wenn Pilatus fühlt, dass es keine gute Entscheidung war, so ist er doch feige und wagt es nicht, dem Volk, das den Tod Jesu fordert, zu widersprechen.

2. Station: Jesus nimmt das Kreuz auf seine Schultern.

Jesus soll auf dem Berg Golgota gemeinsam mit zwei anderen gekreuzigt werden. Golgota bedeutet so viel wie „Schädelhöhe". Jesus muss das Kreuz selbst dort hinauftragen. Durch die ganze Stadt, begleitet von vielen Schaulustigen, trägt er die schwere Last.

3. Station: Jesus fällt zum ersten Mal.

Das Kreuz ist schwer, die Last eigentlich untragbar. Jesus wird verspottet und geschlagen. Trotzdem steht er wieder auf, er geht seinen Weg zu Ende.

4. Station: Jesus begegnet seiner Mutter.

Maria begleitet Jesus auf all seinen Wegen, sie war immer für ihren Sohn da, auch wenn er angefeindet wurde. Jetzt, auf seinem letzten Weg, ist sie auch bei ihm und zeigt ihm ihre Liebe durch ihr Dasein.

5. Station: Simon von Cyrene hilft Jesus, das Kreuz zu tragen.

Simon kommt von seiner Arbeit und wird von den Soldaten zu Jesus gebracht mit der Aufforderung, ihm zu helfen. Simon versteht nicht, wozu, und vielleicht weiß er nicht einmal genau, wem er da helfen soll. Und doch trägt er die Last ein Stück mit. Simon von Cyrene ist zur rechten Zeit am rechten Ort, auch wenn er selber das vielleicht nicht so empfindet im ersten Moment.

6. Station: Veronika reicht Jesus das Schweißtuch.

Veronika reicht Jesus ein Tuch, mit dem er sich den Schweiß aus dem Gesicht wischen kann. Sie tut das selbstlos und ohne Angst vor der Reaktion der Soldaten, sie reicht Jesus das Tuch und kann ihm so einen kurzen Moment der Erleichterung verschaffen.

7. Station: Jesus fällt zum zweiten Mal.

Je länger der Weg, umso mehr verlassen Jesus die Kräfte. Er fällt wieder. Je länger ein Leiden dauert, umso schwieriger ist es, durchzuhalten. Manchmal hilft es, einfach alles fallenzulassen und auch zu weinen, zu klagen. Jeder Mensch hat Grenzen.

8. Station: Jesus begegnet den weinenden Frauen.

Viele Menschen sind traurig, als sie das Schicksal ihres geliebten Jesus miterleben müssen. Die Frauen weinen, sie zeigen ihren Schmerz. Doch Jesus erkennt selbst in seiner schweren Situation, dass die Frauen Trost brauchen und gibt ihnen gute Worte für ihren Weg mit.

9. Station: Jesus fällt zum dritten Mal.

Bald hat er die Stelle erreicht, an der er gekreuzigt werden soll. Er ist am Ziel, aber es ist kaum auszuhalten, was er dort noch erleben soll. Jesus betet zu seinem Vater, er weiß, dass er bei ihm ist. Auch wenn alles gegen ihn zu sein scheint.

10. Station: Jesus wird seiner Kleider beraubt.

Die Soldaten nehmen Jesus die Kleidung. Er hat nun auch seinen letzten, dünnen Schutz verloren und ist ausgeliefert.

11. Station: Jesus wird an das Kreuz genagelt.

Es ist ein qualvoller Tod, der ihn erwartet. Und doch weiß er, dass dies genau das ist, was geschehen muss. Er hadert nicht mit seinem Schicksal, auch wenn er dankbar gewesen wäre, wenn sein Weg anders verlaufen hätte können. Jesus betet für jene Menschen, die ihm Schmerzen zufügen. Er sagt: Vater, vergib diesen Menschen, denn sie wissen nicht, was sie tun.

12. Station: Jesus stirbt am Kreuz.

Er stirbt mit ausgebreiteten Armen. Er umarmt die Welt mit all ihren Nöten, er ist Mittler zwischen Himmel und Erde. Als er stirbt, zieht ein Unwetter auf, und der Vorhang im Tempel reißt entzwei. Viele Menschen erkennen erst jetzt, dass Jesus wirklich Gottes Sohn war.

13. Station: Jesus wird vom Kreuz abgenommen.

Als Jesus vom Kreuz genommen wird, wird er in die Arme seiner Mutter gelegt. Maria hält ihren Sohn, sie sieht seine Wunden und doch blickt sie auf zum Himmel, weil sie auf Gott vertraut. Sie weiß, dass Gottes Denken weiter geht als alles, was sie sich vorstellen kann. Mitten im größten Schmerz gibt sie ihr Vertrauen Gott.

14. Station: Jesus wird ins Grab gelegt.

Die Freunde Jesu legen ihn in ein Grab des Josef von Arimathäa, er wird gesalbt und in ein Leintuch gewickelt. Kostbare Öle werden verwendet, um seinen verwundeten Körper zu pflegen. Alle sind sehr traurig und auch ein wenig enttäuscht – auch Jesus musste sterben, so viel Leid erfahren. Viele fragen sich, warum Gott nicht eingegriffen hat, warum Gott Jesu Schicksal nicht anders planen konnte. In vielen von Jesu Freunden ist Angst, Hoffnungslosigkeit und Dunkelheit. Sie ahnen noch nichts von dem, was in wenigen Tagen geschieht.

Tränenkrone – Dornenkrone

Der Karfreitag ist ein sehr trauriger Tag, wir denken an den Tod Jesu. Jesus trug eine Krone aus Dornen, Soldaten hatten sie aus Spott und Hohn angefertigt und ihm aufgesetzt, weil sie es lächerlich fanden, dass er sich als König bezeichnete. Sie verstanden nicht, dass er ein König ganz anderer Art war, dass er von einem himmlischen Königreich sprach und nicht von dem, was Menschen sich unter dem Reich eines Herrschers vorstellen.

Der Karfreitag erinnert an den Tod Jesu, aber auch an den Tod anderer Menschen, die unser Leben begleitet haben. Der Trauer Ausdruck zu verleihen, kann am Karfreitag wohltuend sein. Eine Krone voller Tränen kann dies zeigen und einen Wandel ermöglichen – am Ostersonntag oder schon in der Osternacht können aus den Tränen Blumen werden.

Was benötigt wird:

- Krone aus Stacheldraht
- blaues Tonpapier
- Kerze
- Seidenpapier in zwei Farben
- Bindfaden

Wie es gemacht wird:
Aus dem blauen Tonpapier werden große Tropfen ausgeschnitten und auf die Krone aus Stacheldraht gelegt oder gesteckt. In der Mitte der Krone kann eine Kerze leuchten, die die Hoffnung in all dem Leid symbolisiert. Am Karfreitag und Karsamstag kann bei dieser Kerze gemeinsam gebetet oder die Passionsgeschichte erzählt werden. In der Osternacht können die Tränen mit Blumen ergänzt werden, die aus zwei verschieden großen, übereinandergelegten Seidenpapierkreisen, die am unteren Ende zusammengedreht und abgebunden werden, hergestellt sind. Diese Blumen können dann zusätzlich auf der Krone Platz finden und so zeigen, dass aus großem Leid auch Wunderbares entstehen kann, ganz unverhofft.

Kreuz mit Mosaiksteinen

Was benötigt wird:
- Mosaiksteine
- Mosaikkleber
- Kreuz aus Holz, Styropor, festem Karton o. ä.

Wie es gemacht wird:
Das Kreuz wird mit Mosaiksteinchen dicht beklebt und gut getrocknet. Während dem Gestalten des Kreuzes kann vom Tod Jesu erzählt werden. Das Kreuz kann bei der Speisenweihe in der Osternacht im Korb liegen und mitgesegnet werden.

Wegkreuz verschönern

Die Tradition der „Kreuzverehrung“ ist weit verbreitet, jedoch ist es nicht immer möglich, daran teilzunehmen. Mit Kindern kann alternativ ein Spaziergang unternommen werden, entlang von Kreuzwegstationen, zu einer Kapelle oder an eine Stelle, wo ein Wegkreuz steht. Dieses Kreuz kann dann mit einem Tuch gereinigt und frische Blumen dazugestellt werden. Das gemeinsame Beten eines Vaterunsers, das Erinnern an das Leiden Jesu oder das Singen eines Liedes kann diese Form der Kreuzverehrung begleiten.

Karsamstag und Osternacht

Der Karsamstag gilt als Tag der Grabesruhe Jesu. In vielen Kirchen gibt es Anbetungsstunden, und in manchen Gegenden werden aufwändige Ostergräber aufgebaut mit verschiedenen Lichtern und Figuren aus der Passionsgeschichte.

Der Karsamstag mündet in die Osternacht, die mit dem Osterfeuer und einer festlichen Liturgie eine ganz besondere Stimmung verbreitet und ein wichtiges Ereignis im Laufe des Kirchenjahres markiert. In der Osternacht gibt es immer wieder Erwachsenentaufen. Das Taufbekenntnis aller getauften Menschen steht im Mittelpunkt, und die neue Osterkerze bekommt ihren Platz in der Kirche. In der Osternacht wird das Osterfeuer entzündet, von dem die Osterkerze dann ihr Feuer erhält. Die Feier der Osternachtliturgie beginnt im Freien beim Osterfeuer, gemeinsam ziehen die Menschen mit brennenden Kerzen in die Kirche ein und folgen der Osterkerze, die vom Priester getragen wird. Wie einst das Volk der Israeliten dem Licht Gottes durch die Wüste folgte, so folgen auch heute die Menschen dem Ruf „Lumen Christi“ und bekennen sich dazu, Christus zu folgen, dem Licht der Welt, der über das Dunkel des Todes siegte. In der Osternacht erklingt zum ersten Mal nach den Wochen der Fastenzeit das Gloria, und auch das Halleluja findet wieder Platz bei der Feier der Liturgie. Dementsprechend feierlich werden die Gesänge gestaltet.

Auch das Wasser wird geweiht und gerne nach dem Gottesdienst in kleinen Fläschchen mit nach Hause genommen. An manchen Orten gibt es auch – außerhalb des Gottesdienstes – die Speisenweihe, eine Tradition, bei der in einem Korb besondere Speisen zur Kirche gebracht werden, die einen Segen erhalten. In manchen Gegenden ist in den Körben vor allem das Frühstück für den Ostersonntagsmorgen enthalten, anderswo der gesamte Jahresbedarf an Salz und anderen Gewürzen. Viele legen hartgekochte Eier, Speck, Schinken und

Brot hinein – jede Familie kennt eigene Speisen, die für sie besondere Bedeutung haben, und kann so ihren Speisenkorb gestalten. Häufig wird der Korb mit einem Geschirrtuch zugedeckt, es bietet sich aber auch an, der Tradition des „Osterweihe-Tuches" folgend ein Tuch mit Kreuzstich-Stickerei anzufertigen, das jedes Jahr zu diesem Zweck verwendet werden kann und dann auch noch als Tischtuch für den Ostersonntag verwendet wird.

Osterkerze basteln

Eine Osterkerze für den Hausgebrauch kann sehr individuell gestaltet werden. Schön ist es, die Kerze mit österlichen Symbolen deutlich als Osterkerze erkennbar zu machen. Jahrhundertelang wurde die Osterkerze in den Kirchen nur mit Blättern und Blumen geschmückt, sie galt als „Baum des neuen Lebens", der den Tod besiegt hatte. Erst später kamen die Symbole Alpha (A) und Omega (Ω) als erster und letzter Buchstabe des griechischen Alphabets hinzu, auch die Wundmale Jesu Christi in Form von „Wachsnägeln" in roter oder goldener Farbe sind immer wieder üblich. Auch wird häufig das Symbol ☧ verwendet, als Zeichen für Jesus Christus. Die Osterkerze in der Kirche erinnert an die eigene Taufe, weshalb sie nach dem Ende des Osterfestkreises meist aus dem Altarraum entfernt und zum Taufbecken gestellt wird, wo dann bei einer Taufe die Taufkerze des Täuflings entzündet wird. Bei Begräbnissen wird die Osterkerze zum Sarg des Verstorbenen gestellt. Immer ist auf der Osterkerze die Jahreszahl zu sehen.

Was benötigt wird:

- Stumpenkerze
- Wachsblätter in verschiedenen Farben
- Messer mit beweglicher Klinge zum Schneiden des Wachses

Wie es gemacht wird:

Aus den Wachsblättern werden die gewünschten Motive ausgeschnitten und vorsichtig an die Kerze angedrückt. Die Kerze kann in ein großes Glas gestellt und zu besonderen Anlässen in der Familie entzündet werden oder regelmäßig während der Osterfesttage und darüber hinaus am Esstisch brennen, wenn die ganze Familie zum Essen versammelt ist.

Weihetuch für den Osterkorb

In Handarbeitsgeschäften können vorgedruckte Weihedecken gekauft werden, deren Motiv dann nur noch (meist in Kreuzstich) nachgestickt werden muss. Meistens wird das gesamte Motiv in einer Farbe gearbeitet, zumeist in einem Rot- oder Violettton. Eine andere Möglichkeit ist, das Motiv selbst auf einen groben Leinen- oder Baumwollstoff aufzumalen und dann nachzusticken. Üblicherweise wird IHS (das Christusmonogramm, das aus den ersten beiden und dem letzten Buchstaben des griechischen Namens Jesu besteht) mit dekorativen Umrankungen durch Blätter und Blumen eingestickt. Auch ein Osterlamm wäre möglich.

Fläschchen für das frisch geweihte Wasser

Was benötigt wird:

- Fläschchen mit Schraubverschluss
- Acrylfarben oder Glasmalstifte

Wie es gemacht wird:

Auf das Fläschchen wird mit der Farbe ein einzelnes Motiv oder mehrere Symbole der Taufe aufgemalt. Wichtig ist, die Bemalung gut trocknen zu lassen. Passende Symbole sind der Fisch, das Christuszeichen ☧, Wasser ...

Osterlamm backen

Was benötigt wird:

- Osterlamm-Backform
- 4 Eier
- 120 g Zucker
- 1 Vanillezucker
- Zitronenschale
- 60 g Mehl
- 60 g Maisstärke
- 40 g geschmolzene Butter

Wie es gemacht wird:

Die Osterlammform wird mit Öl ausgepinselt und das Backrohr auf etwa 160° C vorgeheizt. Danach werden Eier, Zucker und Gewürze miteinander vermischt. Das Mehl und die Stärke werden dazugerührt und die Butter vorsichtig untergehoben. Danach wird die Masse in die Form gefüllt und ca. 30 Minuten gebacken. Nach dem Herauslösen mit Staubzucker bestreuen. (Beim Herauslösen des Lammes aus der Form kann besonders der Kopf leicht abbrechen. Sollte dies passieren, kann er mit einem Zahnstocher im Inneren wieder an den Körper angesteckt werden.)

Ostersonntag

Am Ostersonntag feiern wir die Auferstehung Jesu. Alle Todesangst und Verzweiflung scheinen vergessen. Jesus lebt, er ist wahrhaftig auferstanden und mitten unter uns. Am Ostersonntag gibt es viele Traditionen, die vor allem Kinder erfreuen. Das Osterfest wird immer am Sonntag nach dem ersten Vollmond im Frühjahr gefeiert.

Osterfrühstück

In manchen Gemeinden wird früh am Morgen der Gottesdienst zur Auferstehung Jesu gefeiert, und so können alle gemeinsam die geweihten Speisen aus dem Osterkorb zum Frühstück genießen. Ansonsten kann auch später nach dem Sonntagsgottesdienst ein besonders reichhaltiges Frühstück am späteren Vormittag genossen werden. Zu den traditionellen Speisen zählen dabei neben den Ostereiern auch gekochter Schinken, Meerrettich/Kren, ein süß gebackenes Osterlamm, Hefebrot, Salz, grüne Kräuter (z. B. Schnittlauch und Petersilie) und Wein.

Osterhase und Osterei

Der Ursprung des Osterhasen ist ungeklärt. Schon seit jeher zählt der Hase zu den Fruchtbarkeitssymbolen und ist mit dem Frühling, mit dem neu erwachenden Leben eng verbunden. Auch das Ei gilt als Symbol des neuen Lebens und der Fruchtbarkeit. Beides passt zur Jahreszeit und auch zu Ostern, einem Fest des Lebens, des Sieges über den Tod.

Der Brauch, hart gekochte und bunt gefärbte Eier zu Ostern zu genießen, ist sehr alt und stammt aus einer Zeit, in der in der gesamten Fastenzeit keine Fleischprodukte und Eier gegessen werden durften. Damit die Eier nicht schlecht wurden, mussten sie durch Kochen haltbar gemacht werden. Die Freude über das neuerliche Genießendürfen zum Osterfest führte dann dazu, dass die Eier auch gefärbt und reich verziert wurden.

Wie der Brauch entstand, dass der Osterhase die Eier versteckt, die die Kinder dann am Ostermorgen suchen dürfen, ist ungeklärt. In vielen Gegenden wird der Brauch jedoch auch heute noch gepflegt, meist aber nicht nur mit Eiern, sondern auch mit Schokoladen und anderen süßen Geschenken in einem Osternest, das von den Eltern für die Kinder im Haus oder Garten einfallsreich versteckt wird.

Ostereier pecken

Weit verbreitet ist es, miteinander Ostereier zu „pecken". Das bedeutet, dass zwei Personen jeweils ein Osterei fest in ihrer Faust halten und nur das obere bzw. untere Ende des Eies hervorlugen lassen. Dann „peckt" (stößt) der eine sein Ei gegen das Ei des anderen – wessen Ei kaputt gegangen ist, hat verloren und muss sein Ei nun aufessen. Wer zuletzt in der Runde am Tisch mit einem ganzen Ei übrig bleibt, ist der Osterkönig.

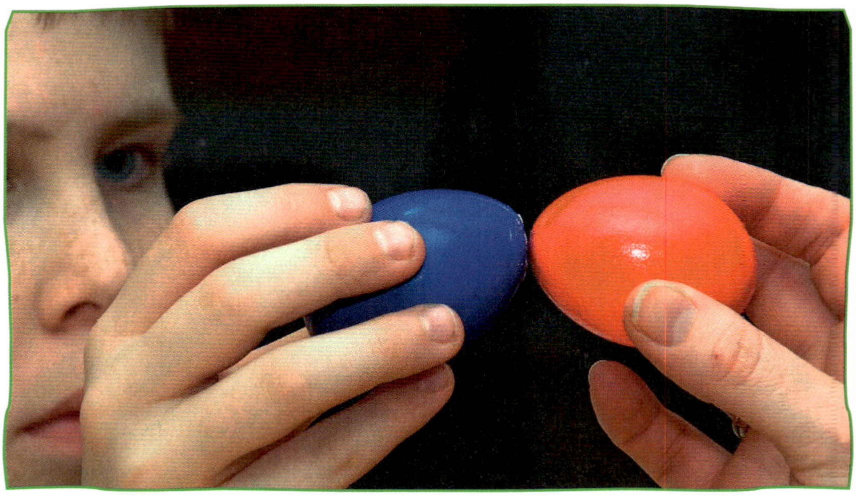

Ostereier rollen

Jede Person erhält die gleiche Anzahl an Eiern (z. B. drei). Außerdem wird eine leicht abschüssige Rollbahn gebaut, von der die Eier abrollen können. Jeweils nacheinander dürfen die Spieler ein Ei hinabrollen lassen. Wer ein bereits unten liegendes Ei mit dem seinen berührt, darf es nehmen. Gewinner ist der, der am Ende die meisten Eier gesammelt hat.

Eierlauf

Mit einem Löffel müssen Eier von einem Punkt zum nächsten möglichst rasch transportiert werden. Gewinner ist derjenige, der es schafft, die meisten Eier ohne Schaden zum Ziel zu bringen.

Ostermontag

Neues Leben

Ein Pfarrer, der in seiner Predigt veranschaulichen wollte, was „christliche Hoffnung“ ist, versuchte es mit einem Vergleich mit dem Kastanienbaum vor der Kirche. Er sprach:
„Als Sie zur Christmette kamen, schien es, als ob der Kastanienbaum tot sei, als würde er nie mehr zum Leben erwachen. Und dann brachen die Knospen auf, und heute blüht er und ist herrlich wie ein Baum im Paradies.“
Nach der Messe wartete ein Mann auf den Pfarrer und sagte: „Es war wohl nicht Ihre Absicht, aber mit Ihrer Predigt haben Sie gezeigt, dass es kein Weiterleben gibt. Sicher wird der Baum im Herbst seine Blätter verlieren und wieder kahl werden. Er wird auch noch häufig blühen, aber irgendwann wird er eingehen. Für immer. Trocknen, verwelken, faulen.“
Der Pfarrer war nachdenklich. Dann sagte er: „Ja, Sie haben Recht. So kann es kommen. Aber vergessen Sie eines nicht: Es gibt da unter dem Laub noch die Kastanien.“

Emmaus-Wanderung

Eine gemeinsame Wanderung am Ostermontag, die im Gedenken an die Erzählung von den Emmaus-Jüngern unternommen wird, ist ein ganz besonderes Unterwegssein. Am besten eignet sich eine einfache Wanderung, die nicht zu anstrengend oder zu lang ist. So bleibt viel Zeit für Gespräche. Als Ziel für so eine Wanderung eignet sich besonders gut eine Kapelle oder eine Wallfahrtskirche, in der für das Miteinanderunterwegssein als Familie gedankt werden kann. Als Proviant kann in besonderer Erinnerung an die Emmausjünger miteinander ein großes Brot geteilt werden.

Marienmonat Mai

Der Mai gilt als Marienmonat. Schon seit jeher verehren Menschen die Mutter Jesu Christi. Ihre Einfachheit und Demut ist vielen Vorbild und lädt dazu ein, um ihre Fürsprache zu bitten. In vielen Pfarrgemeinden werden im Mai regelmäßige Maiandachten und Rosenkranzgebete gehalten. Gerade für Kinder ist es schwierig, dem meditativen Charakter des Rosenkranzgebetes etwas abzugewinnen. Mit ihnen kann zu Hause ab und zu ein kleiner Teil des Rosenkranzes gebetet werden oder in einer anderen Form die Gottesmutter nahegebracht werden.

Wer ist Maria?

Maria, die als Mutter Jesu bekannt ist, stammte aus dem Gebiet Galiläa, das sich im Norden Israels befindet. Die Quellen, auf die sich die Kirche beruft, sind die Evangelien – jedoch gibt es zahlreiche frühchristliche Schriften und Texte aus anderen Religionen (z.B. dem Islam), die auch von Maria als der Mutter Jesu berichten. Die Bibel erzählt wenig von Maria, jedoch zeugen die zahlreichen Traditionen, die oft noch heute gelebt werden, davon, dass das Leben dieser einfachen Frau schon früh faszinierte.

Maria ist für viele Frauen eine gute Ansprechperson: Das nicht ganz einfache Begleiten ihres Sohnes Jesus ins Leben, das immer wieder Herausforderungen mit sich brachte, und ihre nicht ganz alltägliche Beziehung zu Joseph, der trotz aller Widrigkeiten (unerwartete Schwangerschaft) zu seiner Gefährtin stand, das Mitgehen bis zum Tod mit ihrem Sohn Jesus – Maria geht ihren Weg, auch wenn er schwierig ist, und ist immer voll Vertrauen auf Gott. Gerade in Zeiten der Sorge um die eigene Familie ist Maria eine gute Ansprechpartnerin: als mütterliche Begleiterin, gute Freundin oder nahestehende Schwester. Zu einer Frau zu sprechen, Gebete zu formulieren oder Ängste darzulegen ist für viele Menschen ein Geschenk. Der Marienmonat Mai (ähnlich dem Rosenkranzmonat Oktober) erinnert an die Vielfalt des Glaubens und zeigt Wege, Gott zu vertrauen, auch wenn es schwer fällt.

Finger-Rosenkranz knüpfen

Was benötigt wird:

- 10 Holzperlen mit Bohrung
- 1 Kreuz mit Bohrung
- ca. 150 cm festes Garn (z. B. Häkelgarn)

Wie es gemacht wird:

Das Garn wird vier Mal um den Zeigefinger gewickelt, das kürzere Ende des Garns (ca. 40 cm) wird durch die Schlinge am Finger geführt, sodass ein Knoten entsteht. Danach wird die erste Perle aufgefädelt und ein Knoten gemacht. Dann wird nach etwa ½ cm wieder ein Knoten gemacht und eine Perle aufgefädelt, danach wieder ein Knoten. Dies wiederholt sich, bis alle Perlen aufgefädelt sind. Am Ende wird ein Doppelknoten gefertigt und das Garn zu einem Kreis zusammengefasst. Das Kreuz wird an beide Enden gehängt, und der Knoten der beiden wird in das Loch des Kreuzes gesteckt, sodass es nicht sichtbar ist.

Rosenkranzgebet mit dem Fingerrosenkranz:

- Kreuzzeichen
- Glaubensbekenntnis
- für jede Holzperle ein „Gegrüßet seist du, Maria"
- Vaterunser
- Kreuzzeichen

Das Rosenkranzgebet hat einen meditativen Charakter. Es lebt davon, sich Ruhe und Zeit dafür zu nehmen. Mit Kindern kann auch abgewechselt werden und statt so vieler „Gegrüßet seist du, Maria" ein Marienlied gesungen oder ein anderes Gebet gesprochen werden.

Lilien pflanzen

Die Lilie gilt schon lange als Symbol der Reinheit und wurde der hl. Maria zugeordnet. Diese weiße „Madonnenlilie" ist auf vielen Gemälden der Verkündigungsszene mit dem Engel Gabriel zu finden. Lilien können im Frühling gepflanzt werden. Vor allem die Madonnenlilie ist jedoch empfindlicher und das Einpflanzen der Zwiebeln ist im späteren Frühling empfehlenswert, dies kann durchaus im Marienmonat Mai sein. Im Garten, in einem größeren Topf am Balkon oder Fensterbrett ... vieles ist denkbar, und eine reinweiße Marienlilie kann viele Wochen erfreuen.

Mariengebete

Gegrüßet seist du, Maria, voll der Gnade,
der Herr ist mit dir.
Du bist gebenedeit unter den Frauen
und gebenedeit ist die Frucht deines Leibes, Jesus.
Heilige Maria, Mutter Gottes,
bitte für uns Sünder,
jetzt und in der Stunde unseres Todes. Amen.

Maria mit dem Kinde lieb
uns allen deinen Segen gib.
Amen.

Maria, breit den Mantel aus

Text und Melodie: Innsbruck 1640

2. Dein Mantel ist sehr weit und breit,
er deckt die ganze Christenheit,
er deckt die weite, weite Welt,
ist aller Zuflucht und Gezelt.

3. Maria, hilf der Christenheit,
dein Hilf erzeig uns allezeit;
komm uns zu Hilf in allem Streit,
verjag die Feind all von uns weit.

4. O Mutter der Barmherzigkeit,
den Mantel über uns ausbreit;
uns all darunter wohl bewahr
zu jeder Zeit in aller Gefahr.

Christi Himmelfahrt

Das Fest der Himmelfahrt bezeichnet die Rückkehr Jesu zu seinem Vater in den Himmel und wird 40 Tage nach dem Osterfest gefeiert. Je nachdem, wie das Osterfest fällt, ist also auch hier das Datum flexibel; jedenfalls fällt das Fest immer auf einen Donnerstag. In vielen Ländern ist dieser Tag ein gesetzlicher Feiertag, in Deutschland wird am selben Tag der Vatertag gefeiert. In manchen Regionen gibt es anschließend an den Gottesdienst noch Prozessionen, die die Menschen daran erinnern, immer „auf Wanderschaft zu Gott" zu sein. Oft wird an diesem Tag auch um günstiges Wetter für die Feldarbeit gebetet. In einigen Kirchen wird am Ende des Gottesdienstes auch eine Christusstatue in die Höhe gezogen, um die Himmelfahrt besonders eindrücklich zu schildern. Häufig wird zu diesem Fest die Osterkerze, die in der Osternacht entzündet wurde, ausgeblasen. Ab dem Himmelfahrtsfest brennt die Osterkerze nur noch bei Taufen, Begräbnissen oder anderen hohen Feierlichkeiten, wie z. B. der Feier eines Ordensgelübdes.

Dem Himmel nahe sein

An diesem Feiertag bietet es sich an, einen Familienausflug zu machen, der in irgendeiner Weise „dem Himmel nahe“ ist. In gebirgigen Regionen kann dies eine Bergwanderung sein, im Flachland oder am Meer ein Ausflug in eine ruhige, wenig bebaute Gegend, die einen freien Blick in den Himmel zulässt.

Muttertag/Vatertag

Einen Tag bewusst „Muttertag / Vatertag“ zu nennen, bedeutet mehr als bloß ein einziges Mal die Hausarbeit zu übernehmen oder ein üppiges Geschenk zu überreichen. Dieser Tag kann vielleicht mit einem Geburtstag verglichen werden: Das Geburtstagskind spielt nicht nur an diesem einen Tag im Jahr eine besondere Rolle, sondern erfährt auch während des restlichen Jahres Wertschätzung und Liebe. Genau so sollte es sich auch mit dem Muttertag/Vatertag verhalten: ein besonderer Tag, der einmal ganz bewusst den Blick auf die eigene Mutter / den eigenen Vater lenkt und einen konkreten Anlass zum Dank gibt. Kleine Geschenke, ein besonderer Ausflug, ein Mittagessen auswärts ... vieles ist denkbar. Jede Familie hat eigene Vorlieben, die einen festlichen Tag hervorheben können. Es geht jedoch keinesfalls um konsumorientiertes Handeln, sondern vielmehr um

den Hintergedanken aus den 10 Geboten, der besagt „Du sollst Vater und Mutter ehren." Ein ehrliches und aufrichtiges Dankeschön soll natürlich nicht nur an diesem zweiten Sonntag im Mai bzw. Juni (oder Christi Himmelfahrtstag in Deutschland) ausgesprochen werden, aber vielleicht ganz besonders deutlich zu diesem Anlass

Glasperlenkette für Mama oder Schlüsselanhänger für Papa

Was benötigt wird:

- Glasperlen zum Auffädeln
- Nylonfaden, Lederband oder dünnen Golddraht, evtl. festes Gummiband
- Verschluss (für eine nicht-elastische Kette) oder Schlüsselring

Wie es gemacht wird:

Glasperlen werden in den Lieblingsfarben der Mutter aufgefädelt. Kleinere Kinder benötigen hierbei vor allem bei der Verschlusslösung oder der Fertigung eines stabilen Knotens ein wenig Hilfe. Natürlich kann auch ein dazu passendes Armband gefertigt werden. Der Schlüsselanhänger wird ähnlich angefertigt, jedoch wird am oberen Ende ein Schlüsselring befestigt. Nach einigen wenigen Perlen wird das Ende gut verknotet. Für den Schlüsselanhänger eignet sich am besten ein Lederband, das sehr strapazierfähig ist.

Danke-Leporello

Was benötigt wird:

- dünner, längerer Karton
- Fotos in gleich großem Format
- Geschenkband

Wie es gemacht wird:

Der Karton wird in ebenso viele gleich große (quadratische) Felder eingeteilt, wie Fotos vorhanden sind. In dieser Gesamtlänge wird er zugeschnitten (evtl. aus Einzelstücken zusammengeklebt) und wie eine Ziehharmonika pro Feld gefalten. Danach wird auf jedes Feld ein Foto geklebt und ggf. mit der Nähmaschine noch im Zick-Zack-Stich fixiert. Sollen auf der Vorder- und Rückseite Bilder zu sehen sein, werden diese exakt an dieselbe Stelle auf der jeweiligen Seite geklebt und zusammen dann vernäht. Die einzelnen Bilder können kommentiert werden, und zum Abschluss wird das kleine „Danke-Leporello", das z. B. besonders schöne Momente der Mutter-/Vaterbeziehung zum Kind zeigen, mit einem Bindeband zugebunden.

Bügelperlen-Untersetzer

Mit Bügelperlen können ganz einfach Untersetzer mit verschiedenen Motiven hergestellt werden. Auf eine vorgefertigte runde Platte werden die Perlen aufgesteckt, anschließend ein Löschpapier daraufgelegt und darübergebügelt. Gibt es mehrere Kinder in einer Familie, so können sie gemeinsam mehrere Untersetzer herstellen und diese als „Set" gemeinsam verschenken.

Gerollte Bienenwachskerzen mit Kerzenhalter

Was benötigt wird:

- Bienenwachsplatten
- Docht
- Modelliermasse (lufttrocknend)

Wie es gemacht wird:

Je nach Größe der Bienenwachsplatte kann diese auch halbiert werden. An den Anfang einer Breitseite wird über die gesamte Breite ein Docht gelegt, der am oberen Ende ca. 3 cm hinauslugt. Dann wird die Wachsplatte langsam gerollt. Die Wärme der Hände wirkt dabei fixierend. Anschließend wird aus Modelliermasse ein Kerzenhalter geformt; die Tiefe der Mulde, die die Kerze hält, wird an die soeben gerollte Kerze angepasst. Nach dem Trocknen (meist ca. 2 Tage) kann der Kerzenhalter auch mit Acrylfarben bemalt werden.

Weil ich so froh bin

„Kann ich für 50 Cent Blumen bekommen?“, fragt Katharina leise an der Kasse im Blumenladen. „Für 50 Cent Blumen? Für wen brauchst du sie denn?“, fragt die Verkäuferin. „Für meine Mama“, sagt Katharina. „Nun, da kann ich dir eine Blume mit etwas Grünzeug dazu geben“, sagt die Verkäuferin. „Hat deine Mama denn Geburtstag?“

„Nein, aber sie ist immer so lieb zu mir. Heute hat sie mir geholfen bei den Hausaufgaben, und ich bin so froh darüber.“

Eulen-Polster

Was benötigt wird:

- grober Baumwoll- oder Leinenstoff
- Perlgarn
- Polster-Inlet

Wie es gemacht wird:

Mit einem Bleistift (oder speziellen Stoff-Markier-Stift) wird auf den Stoff ein Motiv (z. B. Eule) gemalt. Dieses Motiv kann in einfachen Rückstichen nachgestickt werden. Etwas Hilfe von älteren Geschwistern oder von Mutter/Vater kann gerade bei jüngeren Kindern eine gute Unterstützung sein. Der bestickte Stoff wird mit der Nähmaschine mit Hotelverschluss zusammengenäht und ein Polster-Inlet hineingegeben. Schon gibt es ein ganz persönliches Kuschelpolster für Mama oder Papa!

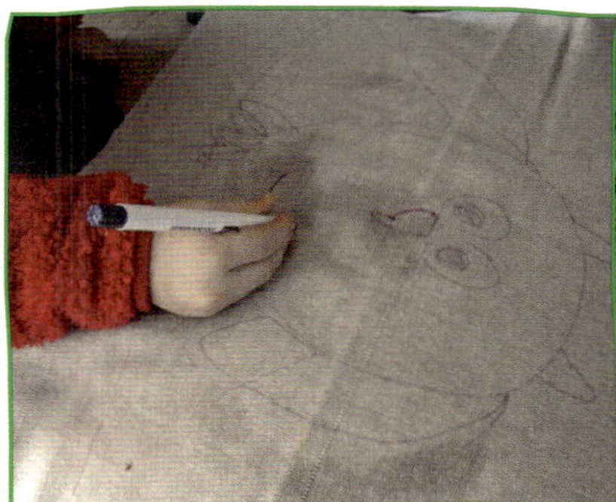

Mutter- / Vatertagskuchen

Was benötigt wird:

Für den Boden:

- 1 Becher Sauerrahm (250 ml)
- 1 Becher Mehl
- 1 Becher Zucker
- 1 Becher gemahlene Mandeln
- ½ Becher Kokosflocken
- ½ Becher Kakao
- 4 Eier
- ½ Becher Orangensaft
- 1 Päckchen Backpulver

Für den Belag:

- 1 Glas entsteinte Kirschen im Saft
- 2 Päckchen Vanillepuddingpulver
- 250 ml Sahne
- Schokoladesplitter

Wie es gemacht wird:

Für den Boden werden alle Zutaten miteinander vermischt und in eine runde Form gefüllt, bei ca. 180°C für etwa 40 Minuten gebacken. Nachdem der Boden etwas auskühlen konnte, werden die Kirschen in ein Sieb abgetropft und zur Seite gestellt, der Kirschsaft wird mit dem Vanillepuddingpulver aufgekocht. Wenn die Masse sehr zähflüssig ist, werden die Kirschen hinzugefügt und vorsichtig untergerührt. Danach wird alles auf dem Kuchenboden verteilt und dieser für einige Stunden gekühlt. Danach wird die steif geschlagene Sahne auf den Kirschen verteilt und die weiße Oberfläche mit Schokoladesplittern verziert.

Pfingsten

50 Tage nach dem Osterfest wird Pfingsten gefeiert. Bei diesem Fest bedenken wir die Sendung des Heiligen Geistes auf die Jünger. In vielen Gemeinden ist an diesem Tag das Fest der Firmung. Der Heilige Geist wird mit unterschiedlichen Symbolen dargestellt: als brennendes Feuer, als weiße Taube oder als stürmisches Brausen des Windes. Pfingsten wird oft auch als ein „Geburtstag der Kirche" bezeichnet, weil an diesem Tag die Jünger vom hl. Geist die Fähigkeit empfingen, in alle Welt hinauszugehen und in verschiedenen Sprachen die frohe Botschaft zu verkünden. Mit dem Pfingstfest werden auch die sieben Gaben des Heiligen Geistes verbunden: Weisheit, Einsicht, Rat, Stärke, Erkenntnis, Frömmigkeit und Gottesfurcht. Der Mut, den eigenen Glauben zu verkünden, steht in enger Verbindung mit dem Sakrament der Firmung, das in gewisser Weise die „Volljährigkeit" des Jugendlichen als Christen feiert. Christsein soll in Eigenverantwortung gelebt werden und Jesu Vorbild als Maßstab für das eigene Handeln dienen. Pfingsten ist für jeden Christen eine Ermutigung, im eigenen Glauben von Neuem „Feuer zu fangen".

Windrad

Der Heilige Geist wird sehr oft als Wind beschrieben. Am Pfingsttag miteinander Windräder zu basteln, die dann beim Spaziergang mitgenommen werden können, um den Windhauch auch sehen zu können, ist besonders für Kinder sehr anschaulich. Es ist aber auch möglich, die Windräder zu verschenken oder vor dem Fenster zu befestigen, um das Drehen im Wind den ganzen Sommer über beobachten zu können.

Was benötigt wird:
- festes Papier oder dünner Karton
- Rundholzstab mit vorgebohrtem Loch im oberen Bereich
- Blumendraht
- Holzperle
- Stopfnadel

Wie es gemacht wird:
Aus dem Papier oder Karton wird ein Quadrat zugeschnitten (mit z. B. 10 x 10 cm). Darin werden mit Bleistift diagonale Linien gezogen. Vom Mittelpunkt aus wird an allen vier Linien eine Markierung bei ca. 1,5 cm eingezeichnet, bis dorthin werden

die diagonalen Bleistiftlinien mit einer Schere von den Ecken aus eingeschnitten. Danach wird mit der Nadel ein Loch in der Mitte des Quadrats und in jedem der Dreiecke, an der jeweils selben Stelle (also z. B. immer rechts unten) ein Loch vorgestanzt. Danach wird der Draht durch das Loch im Stab geführt, sowie durch das mittlere Loch im Quadrat – die Dreiecke des Papiers werden dann nacheinander ebenfalls in den Draht gesteckt. Zum Abschluss wird eine Perle aufgesteckt und der Draht umgebogen, sodass sich das Windrad gut im Wind drehen kann, jedoch auch stabil ist. Auch an der Rückseite des Stabes wird der Draht gebogen, sodass er nicht durch das Loch hindurchrutschen kann.

Pfingstkerze

Eine Kerze am Pfingsttisch kann mit eigenen Motiven gestaltet werden (z. B. mit einer Taube oder Feuerzungen) – aber es kann auch die Osterkerze, eine andere Tischkerze oder eine schlichte weiße Kerze verwendet werden, die auf einen größeren Teller gestellt wird, der mit rotem, orangefarbenem und gelbem Seidenpapier geschmückt wird, sodass der Eindruck entsteht, die Kerze stehe in den Feuerzungen des Pfingstfestes.

Pfingstrosen aus Servietten

In vielen Gärten blühen rund um das Pfingstfest die Pfingstrosen. Auch gibt es einen alten Brauch des Schenkens einer kleinen Aufmerksamkeit als Zeichen der Zusammengehörigkeit als Christen. In diesem Zusammenhang können Pfingstrosen gebastelt werden und zusammen mit einem kleinen Gruß verschenkt werden. Auch als Tischschmuck für das gemeinsame Essen können diese Servietten-Pfingstrosen verwendet werden.

Was benötigt wird:

- mehrlagige Servietten in rot, pink, rosa oder weiß
- Bindfaden
- grünes Tonpapier

Wie es gemacht wird:

Die Servietten werden wie eine Ziehharmonika gefaltet, in der Mitte mit einem Band fest zusammengebunden und dann in alle einzelnen Lagen auseinandergezupft. So entsteht eine sehr volle Blütenform, die mit einem grünen Blatt aus Tonpapier noch verziert werden kann.

Geschenkpapier

Vor allem zum Pfingstfest empfangen viele Jugendliche das Sakrament der Firmung. Zu diesem Anlass erhalten sie natürlich auch Geschenke. Eine ganz einfache Methode, Geschenkpapier selbst zu machen, ist, mit Wasserfarben auf weißem Packpapier zu malen. Schon jüngere Kinder können dies machen, z. B. als ihren Beitrag zum Geschenk für die große Schwester oder den großen Bruder an diesem besonderen Tag. Der Fisch als eines der ältesten Symbole der Christen (diente insbesondere in der Zeit der Christenverfolgungen als geheimes Erkennungszeichen) passt zum Pfingstfest: Er soll Mut machen, zum eigenen Glauben zu stehen.

Heilig-Geist-Taube

Was benötigt wird:

- weißer, dünner Karton
- weißes Transparentpapier
- Bleistift, Schere

Wie es gemacht wird:

Aus dem Papier wird ein Vogelkörper ausgeschnitten, der obere Teil wird ca. bis zur Hälfte des Körpers eingeschnitten. Aus einem Quadrat in passender Größe wird aus dem Transparentpapier eine Ziehharmonika gefaltet, die in diesen Einschnitt gesteckt wird. Die Flügel werden auseinandergezupft und evtl. mit etwas Kleber fixiert. Die Taube kann nun an einem dünnen Faden befestigt aufgehängt werden oder liegend als Dekoration dienen. Es können z. B. sieben Tauben gebastelt werden und auf ihre Körper die Gaben des Heiligen Geistes geschrieben werden (Weisheit, Einsicht, Rat, Stärke, Erkenntnis, Frömmigkeit, Gottesfurcht).

Das Pfingst-Geheimnis

Es war einmal ein Missionar, der irgendwo im Regenwald des Amazonas mit den Einheimischen einen Gottesdienst feierte. Er war noch nicht lange in diesem Land, hatte mit der Hitze zu kämpfen und verstand die Sprache der Menschen nicht. So feierte er also die Messe in seiner eigenen Sprache, denn er konnte nicht einmal lesen, was in diesem neuen Land im Messbuch geschrieben stand. Die Menschen hörten zu, konnten aber nicht antworten, wenn er mit ihnen beten wollte. Die Messe war ruhig. Niemand sagte etwas, aber es gab auch niemanden, der sich beschwerte über diesen Missionar. Als er das Evangelium las, sprach er von Jesus. Und bei diesem Wort horchten die Menschen auf – sie blickten zueinander, lachten und freuten sich. Ein Strahlen war in ihren Gesichtern zu erkennen. Und als sie gemeinsam vom Brot aßen und den Wein tranken, erkannte der Missionar zum ersten Mal in seinem Leben, was das Geheimnis von Pfingsten war.

Atme in uns, Heiliger Geist

Originaltitel: Esprit de Dieu, souffle de vie
Deutsche Übersetzung: T. Csanády, R. Ibounigg, Graz
Text und Musik: Emmanuel Songs (J.-M. Morin / P. und V. Mugnier)

Pfingstkäse

Was benötigt wird:

- 12 Eier
- 750 ml Milch
- 4 TL Zucker
- 2 TL Zimt
- ½ TL Salz

Wie es gemacht wird:

Eier, Zucker, Salz und Zimt werden mit einem Mixer gut verquirlt. Die Milch wird erhitzt und die restlichen Zutaten hineingegeben und mit einer Gabel gut verrührt, bis die Masse gut gestockt ist. Dann wird die Masse in ein Sieb gestürzt und gut abgedeckt im Kühlschrank über Nacht ausgekühlt. Am nächsten Tag wird der Käse aus dem Sieb auf einen Teller gegeben und mit Zucker und Zimt bestreut. Der Käse kann in Scheiben geschnitten auf Weißbrot oder süßem Hefebrot gegessen werden.

Pfingst-Tee

Pfingsten und das Brausen des Windes als Bild für den kräftigen Atem Gottes passen zusammen. Nicht nur als wohlschmeckender und an warmen Tagen kühlend wirkender Tee ist die Pfefferminze beliebt, sondern auch als belebender „Pfingst-Tee“, der ganz einfach selbst gemacht werden kann und für frischen Atem sorgt: Pfefferminze wächst in Gärten, aber auch in einem Topf oder Balkonkistchen problemlos. Kurz vor der Blüte werden die ganzen Stängel geerntet und am besten kopfüber aufgehängt getrocknet. Sobald die Blätter bei Berührung rascheln, sind sie trocken genug, um weiterverarbeitet zu werden. Die trockenen Pfefferminzblätter werden von den Stängeln gerebelt und am besten zwischen den Händen verrieben. Der Tee behält sein Aroma am besten, wenn er in einem Papiersack oder einer Keramikdose aufbewahrt wird, die am Anfang für ca. 2 bis 3 Tage noch nicht mit einem Deckel verschlossen wird, sodass Restfeuchtigkeit entweichen kann. Als kleines Geschenk bei einem Pfingstbesuch kann er in ein mit der Nähmaschine verschlossenes Päckchen aus Packpapier gefüllt werden.

Zeit im Jahreskreis

Sommerzeit im Jahreskreis

Die ersten richtig warmen Tage folgen meist auf die Osterzeit. Die Obstbäume blühen, im Garten gibt es reichlich Arbeit, und auch die Balkone werden zunehmend farbenfroher, wenn Blumen und Kräuter gepflanzt werden. Der Sommer ist jene Jahreszeit, in der sich viel Leben vom Inneren ins Äußere verlagert. Die Wärme, die Sonne und die reiche Natur in vielen Farben und Formen locken nach draußen. Viele Familien fahren Rad, machen Picknicks oder wandern. Manche nutzen die Urlaubszeit, um am Meer zu entspannen, andere suchen noch mehr Nähe zum Ursprung und fahren auf einen Bauernhof oder ins Gebirge.

Der Sommer ist im Kirchenjahr jene Zeit, in der es viele Prozessionen gibt. Eine Zeit, in der ganz deutlich nach außen gezeigt wird: Wir sind eine Gemeinschaft, unser Glaube trägt uns durch unser Leben. Feuer werden zum Fest Herz-Jesu entzündet, das Johannisfeuer und auch Bräuche zu Mariä Himmelfahrt mitten im Sommer laden ein, den Glauben in seiner Vielfalt und seinen unterschiedlichen Facetten zu leben. Die Ferienzeit bedeutet nicht ausschließlich das Reisen in ferne Länder und das Entspannen im Liegestuhl. Es gibt vielfältige Möglichkeiten, eine kleine Auszeit zu nehmen: alleine auf einer Pilgerschaft, aber auch als Familie bei einer Wallfahrt in der näheren Umgebung. Das bewusste Wahrnehmen von Ruhe und Bewegung kann Kraft schenken, das Sprechen ohne Zeitdruck mit den Kindern, dem Partner oder anderen Familienmitgliedern erweitert den Horizont und lässt so manches vielleicht mit neuen Augen sehen.

Sommer-Türkranz

Was benötigt wird:

- Styroporkranz (hinten abgeflacht)
- Stoffstreifen
- Bienenwachsplatte, Ausstechformen
- Klebstoff

Wie es gemacht wird:

Der Styroporkranz wird mit den Stoffstreifen umwickelt, die Enden der einzelnen Streifen werden jeweils mit etwas Klebstoff versehen (z. B. Serviettenkleber oder Flüssigklebstoff), sodass sie nicht verrutschen können. Wenn der gesamte Kranz umwickelt ist, werden aus der Bienenwachsplatte einzelne Formen ausgestochen (z. B. Blumen, Blätter, Herzen) und ebenfalls mit etwas Klebstoff auf den Kranz geklebt (am besten an den Stellen, bei denen die Stoffstreifen aufeinandertreffen.

Kirschkernkissen-Fisch

Im Sommer fallen in der Kirschenzeit oft sehr viele Kerne an, diese können in einem Sieb gewaschen und anschließend an einem luftigen Platz getrocknet werden. Diese Kerne eignen sich hervorragend als Füllung für Kirschkernkissen, die in unterschiedlichen Formen genäht werden können.

Was benötigt wird:

- Baumwollstoff
- Zackenlitze oder anderes Baumwollband
- Kirschkerne

Wie es gemacht wird:

Der Stoff wird rechts auf rechts gelegt und ein Motiv (z. B. ein Fisch) aufgezeichnet. Dieses wird mit etwa 1 cm Nahtzugabe ausgeschnitten. Die Zackenlitze oder ein anderes Band aus Baumwolle kann dann an der gewünschten Stelle aufgenäht werden, danach wird das Motiv zugenäht, bis auf einen etwa 10 cm langen Öffnungsschlitz, durch den die Kirschkerne nach dem Wenden eingefüllt werden. Nach dem Schließen des Öffnungsschlitzes ist das Kirschkernkissen sofort einsatzbereit. Es ist wichtig, ausschließlich Baumwollstoffe oder Leinen zu verwenden, da Kunstfasern das Erwärmen im Ofen nicht vertragen.

Johannes und das Huhn

Vom alten Apostel Johannes wird berichtet, dass er eines Tages mit einem Huhn spielte. Er gab ihm aus seiner Hand Körner zu fressen, streichelte es und hielt es in seinen Händen. Da kam ein Jäger vorbei und wunderte sich darüber, dass Johannes seine Zeit so nutzlos verbrachte. Da fragte ihn der Apostel: „Warum ist dein Bogen nicht angespannt?“ Der Jäger antwortete: „Ich kann ihn nicht ständig gespannt halten, sonst verliert er seine Kraft. Wenn ich dann einmal einen Pfeil schießen wollte, würde er zu Boden fallen, weil der Bogen keine Spannkraft mehr hätte.“

Da nickte der Apostel und sagte: „Und genau so verhält es sich mit den Menschen. Wenn wir nie entspannen und spielen, haben wir keine Kraft für Anstrengung, wenn sie erforderlich ist.“

Luftballon-Ball

Was benötigt wird:

- Schablone für die Einzelteile des Balls:
  - Sechseck mit 5 cm Seitenlänge
  - Ballseitenteil mit 5 cm oben und unten und etwa 22 cm Höhe, an der breitesten Stelle in der Mitte des Seitenteils ca. 10 cm
- Stoffreste
- Luftballon

Wie es gemacht wird:

Aus dem Stoff werden drei Sechsecke ausgeschnitten und sechs Ballseitenteile. Zwei Sechsecke werden jeweils an einer Seite zu etwa 1/3 nach innen gefaltet. Dieser Falz wird mit einer Naht fixiert. Danach werden die beiden Sechsecke übereinandergelegt, sodass sie zusammen wieder in etwa ein Sechseck ergeben. Diese beiden Teile werden nun seitlich mit einer Naht zusammengenäht, sodass sie nicht mehr auseinanderfallen können und durch den nun entstandenen „Schlitz" ein Luftballon hindurchgesteckt werden kann. Die sechs Seitenteile werden aneinandergenäht. Bevor das letzte und das erste Seitenteil miteinander vernäht werden, wird an der Oberseite ein Sechseck eingenäht und an der Unterseite das bereits zusammengenähte Sechseck mit der Öffnung – danach wird die letzte Seitennaht geschlossen. Wichtig ist, alle Stoffteile rechts auf rechts zu verarbeiten, sodass die „schöne Seite" nach dem Wenden durch die Luftballonöffnung nach außen gekehrt ist. Ein Luftballon wird durch die Öffnung gesteckt und in den Ball hineingeblasen, danach verknotet, und schon kann das Spielen mit diesem Ball losgehen. Einerseits bei Regenwetter im Inneren, andererseits bei Ausflügen unterwegs, wenn man keinen schweren Ball mittragen möchte.

Stofftaschen für unterwegs

Gerade im Sommer, wenn sich viele Aktivitäten von drinnen nach draußen verlagern und Ausflüge in die Natur, den Garten oder auf den Spielplatz unternommen werden, kann ein kleiner Stoffbeutel für eine Jause, Spielsachen, ein Buch oder Stricksachen sehr praktisch sein.

Was benötigt wird:

- Baumwollstoff für Oberseite und Futter in der gewünschten Beutelgröße (je 2 x
- Stoffrest (z. B. die Tasche von einem alten Hemd)
- Knöpfe in verschiedenen Farben und Motiven
- Perlgarn
- Stoff der Oberseite zum Nähen eines Henkels oder festes Band

Wie es gemacht wird:

Zuerst wird der Stoffrest in die Form einer Vase zurechtgeschnitten und mit ca. 5 cm Abstand ganz unten auf einer Taschenseite aufgenäht. Danach werden die Knöpfe (die Blumen darstellen) aufgenäht und anschließend die Stängel mit Perlgarn gestickt. Danach werden je eine Ober- und eine Futterseite rechts auf rechts gelegt und zusammengenäht, eine kleine Öffnung an der Unterseite bleibt zum Wenden. Nach dem Wenden der beiden Teile werden diese kräftig gebügelt, mit der Oberseite aufeinandergelegt und etwa füßchenbreit an den Seiten und unten zusammengenäht. Anschließend kann aus dem Oberstoff ein Band genäht oder eine feste Schnur an den Seiten des Beutels festgenäht werden, um einen Henkel für die Stofftasche zu erhalten.

Dreifaltigkeitssonntag

Am Sonntag nach dem Pfingstfest wird der Sonntag der Dreifaltigkeit gefeiert. Dabei wird kein besonderer Festtag aus dem Leben Jesu bedacht, sondern die innere „Struktur“ Gottes: Gott Vater – Sohn – Heiliger Geist. Viele Konzile in der Kirchengeschichte setzten sich damit auseinander, wie die Dreifaltigkeit am besten zu verstehen sei, und es gab auch großen Streit deshalb (unter anderem geht die Trennung von Westkirche und orthodoxer Kirche mit diesem Problem einher). Am Dreifaltigkeitssonntag wird dieser Einigkeit in drei Personen, wie sie auch im Glaubensbekenntnis ausgesprochen wird, besondere Aufmerksamkeit geschenkt.

Die Dreifaltigkeit des hl. Patrick

Der hl. Patrick war ein Priester der ersten Jahrhunderte des Christentums. Er versuchte in Irland den Menschen das Christentum nahezubringen. In der kargen Landschaft war es nicht so leicht, die einfachen Menschen, die hart arbeiteten, vom Glauben an Jesus Christus zu überzeugen. Patrick versuchte immer wieder, den Menschen die Lehren der Kirche möglichst schlicht und anschaulich zu erklären. Um die Dreifaltigkeit verständlich zu machen, nahm er ein dreiblättriges Kleeblatt, den in Irland weit verbreiteten „Shamrock“. Er zeigte das Kleeblatt mit seinem Stängel und sagte: „Dieses eine Blatt zeigt den Vater, das zweite Blatt den Sohn und das dritte den Hl. Geist. Alle drei gehören aber zusammen, der Stängel zeigt dies an. Es sind Gott Vater, Sohn und Hl. Geist – drei Personen und doch eins.“

Dreifaltigkeits-Kleeblatt

Aus einem grünen Pfeifenputzer kann ein Kleeblatt geformt werden, das an die Dreifaltigkeit erinnert und vor allem für Kinder die Dreifaltigkeit anschaulich vorstellbar macht.

Fronleichnam

Das Fronleichnamsfest wird am Donnerstag nach dem Dreifaltigkeitssonntag begangen und steht in engem Zusammenhang mit dem Gründonnerstag, in dessen Mittelpunkt das Abendmahl Jesu mit seinen Jüngern steht. Zentrales Element sind die Einsetzungsworte „Dies ist mein Leib …“ bzw. „Dies ist mein Blut …“. Zum Fronleichnamsfest geht es genau darum, dass Jesus in Brot und Wein gegenwärtig ist. Da in der Fastenzeit große Feste und Prozessionen nicht denkbar sind, wurden die Feierlichkeiten auf einen späteren Zeitpunkt verschoben. Im Anschluss an die Messe gibt es in manchen Gegenden große Prozessionen, teilweise über weite Strecken. Es geht dabei um das Bekenntnis zum eigenen Glauben, der in einer größeren Öffentlichkeit gezeigt wird. Die Prozession macht immer wieder an einzelnen Stationen Halt und wird von Gebet und Liedern begleitet. Während der ganzen Feierlichkeiten wird die Monstranz vom Priester oder Diakon unter einem Baldachin mitgetragen. Am Ende findet eine kurze Anbetung in der Pfarrkirche statt, von der die Prozession gestartet war.

Fronleichnamsblumen

In vielen Gegenden werden am Fronleichnamstag die Häuser und Straßen besonders mit Blumen geschmückt. Auch wenn keine Prozession direkt am Wohnhaus vorbeiführt, kann der Fronleichnamstag für besonders blumen- und farbenfrohe Gestaltung genutzt werden. Auch als Tischschmuck beim gemeinsamen Essen oder als kleines Geschenk bei einem Besuch können diese „Fronleichnamsblumen“ dienen.

Was benötigt wird:

- Krepppapier in bunten Farben
- Blumendraht

Wie es gemacht wird:

Der Blumendraht wird in mehrere gleich lange Stücke geschnitten und eng miteinander verdreht. Aus Krepppapier werden Blütenköpfe gefertigt (z. B. ein schmaler Streifen weißes Krepppapier immer wieder eingeschnitten und vor dem Zusammenrollen mit einigen wenigen orangefarbenen Krepppapierstreifen „gefüllt“). Das Krepppapier lässt sich sehr leicht in Form ziehen, sodass auch Blütenblätter und besondere Blütenkelche hergestellt werden können. Der Blütenkopf wird in jedem Fall mit ein wenig Klebeband am unteren Ende fixiert. Danach wird der Blumendraht mit grünem Krepppapier eng umwickelt (Stängel), der Blütenkopf aufgesetzt und ebenfalls mit dem grünen Papier umwickelt. Die letzte Runde wird mit etwas Klebestift betupft, sodass alles gut aneinander haftet.

Hl. Johannes – 24. Juni

Am Gedenktag der Geburt des hl. Johannes des Täufers am 24. Juni, der in enger Verbindung mit dem Tag der Sommersonnenwende am 21. Juni steht, werden in vielen Gebieten Johannisfeuer entzündet. In der Nacht vom 23. auf den 24. Juni gibt es zahlreiche Traditionen rund um das Feuer. Vielerorts wird die ganze Nacht über getanzt und gefeiert.

Johannisfeuer

Vielerorts wird das Johannisfeuer auf den Bergen entzündet. Es wird auch oft als Sonnwendfeuer bezeichnet. Die Sonne bzw. das Feuer wird dabei mit Christus, dem Licht der Welt, verbunden. Weltweit ist dieses Feuer verbreitet und wird schon im Mittelalter oftmals erwähnt. Es galt vor allem in früheren Zeiten als Möglichkeit zur Abwehr von Dämonen, schlechtem Wetter und insbesondere Hagel. Sobald es dunkelt, sollen die ersten Feuer zu sehen sein, und gerade in Gegenden, in denen auf Plätzen große Feuer errichtet werden, wird getanzt und miteinander ausgelassen bis in die frühen Morgenstunden gefeiert. In Schweden wird statt des Johannisfeuers das Mittsommerfest gefeiert.

Johanniskrone

Früher war es üblich, eine große Johanniskrone aus Laub und Reisig zu winden. Diese wurde mit Papierblumen verziert und am Dorfplatz dann abends mit Lichtern erleuchtet. In manchen Orten wird diese Krone auch auf einer hohen Stange ähnlich dem Maibaum aufgehängt, und es gibt so lange Tanz und Musik, bis das Laub der Krone zu welken beginnt. Bauern winden oftmals eine Krone aus verschiedenen Gräsern, Kräutern und Zweigen und hängen sie in den Stall, um damit Unheil von Tier und Hof abzuhalten. Ganz einfach kann eine Johanniskrone auch für das Haus hergestellt werden und so den Frühstückstisch am Johannistag zieren.

Johannistrunk

Am Johannistag laden neu zugezogene Familien die unmittelbare Nachbarschaft auf einen Kennenlern-Trunk ein. Manchmal ist dieser Anlass von einem kleinen Johannisfeuer im Garten begleitet, über dem Würstchen und Brot gegrillt werden können.

Johanniskuchen (traditionell aus Spanien)

Was benötigt wird:

Boden:

- 300 g Mehl
- 60 g Zucker
- 1 Päckchen Trockenhefe
- 50 g Butter
- 2 Eier
- 75 ml Milch
- 1 Prise Salz
- 100 g geriebene Mandeln
- geriebene Zitronenschale

Creme:

- 125 g Zucker
- 50 g Stärke
- 5 Eigelb
- 625 ml Milch
- Zimt, Zitronenschale

Dekor:

- 1 Eigelb
- Trockenfrüchte, Nüsse
- Staubzucker

Wie es gemacht wird:

Aus den Zutaten für den Boden wird ein Hefeteig zubereitet und gut geknetet. Der Teig wird mit einem Tuch abgedeckt und für etwa 15 Minuten ruhiggestellt. Aus dem aufgegangenen Teig werden zwei gleich große Teigfladen gefertigt, die jeweils wieder ca. 45 Minuten lang ruhen und gut aufgehen sollen (mit einem Tuch abgedeckt).
In der Zwischenzeit wird die Creme zubereitet: Das Eigelb wird schaumig gerührt und mit dem Zucker vermischt. Währenddessen wird ein Großteil der Milch zusammen mit Zimt und etwas Zitronenschale erhitzt. Mit dem Rest der Milch wird die Stärke angerührt und zur Eigelbcreme hinzugegeben. Wenn die Milch beinahe aufgekocht ist, die gesamte Mischung dazugeben und gut umrühren, bis eine zähflüssige Masse entsteht. Danach wird die Puddingmasse kühlgestellt.
Ein Teigfladen wird mit der kühlen Puddingcreme bestrichen und dann mit dem zweiten Teigfladen abgedeckt. Wichtig ist, die Ränder gut miteinander zu verbinden (gut zudrücken!). Der oberste Teigfladen wird mit etwas Eigelb bestrichen und kann mit Trockenfrüchten oder Nüssen bestreut werden. Bei ca. 160° C wird der Johanniskuchen für etwa 30 Minuten gebacken und anschließend mit Staubzucker bestreut.

Johanniskraut

Das Johanniskraut trägt seinen Namen, weil es meist um den Johannistag im Juni blüht und bereit für die Ernte ist. Es wächst weit verbreitet und ist an seinen gelben Blüten gut erkennbar. Johanniskraut ist als Naturheilmittel seit der Antike bekannt und wurde vielfach bei depressiven Verstimmungen eingesetzt. Eine besondere Verwendung hat das Johanniskraut-Öl, das sich leicht selbst herstellen lässt. Es wird bei Muskelschmerzen, Verspannungen und auch bei leichten Verbrennungen oder infizierten Wunden verwendet. Am Johannistag (oder auch in der Nacht davor) wird ein ganzes Glas voller Johanniskrautblüten gesammelt, diese werden mit Oliven- oder Sonnenblumenöl aufgegossen, bis alle Blüten gut bedeckt sind. Danach wird das Glas verschlossen und an einen sonnigen, warmen Platz gestellt. Immer wieder wird das Glas geschüttelt, und nach etwa 3-6 Wochen sollte sich das Öl tiefrot verfärbt haben. Das Johanniskrautöl, das auch Rotöl genannt wird, kann dann mit einem Kaffeefilter abgefiltert und in eine dunkle Flasche gefüllt werden.

Johannisbeere

Auch die Johannisbeere verdankt ihren Namen der üblichen Reifezeit rund um den Johannistag. Vielerorts werden Johannisbeeren auch Ribisel genannt, es gibt sie mit roten, dunklen und weißen Beeren. Aus ihnen können vielerlei Kuchen, Säfte und Marmeladen hergestellt werden.

Eine Besonderheit am Johannistag ist es, gemeinsam die reifen Beeren für eine kleine Nachmittagsjause zu sammeln und von den Stängeln abzurebeln. Die Beeren können dann mit etwas Zucker vermischt, mit ein wenig Sahne aufgegossen und mit einer Gabel zerquetscht werden. So ergibt sich eine leckere Jause, die sich auch für kleine Kinder gut zum Löffeln eignet.

Herz-Jesu-Fest

Am dritten Freitag nach dem Pfingstfest wird dem Herzen Jesu gedacht, eine Tradition, die sehr stark mit dem Orden der Jesuiten verbunden ist. Es geht dabei um das Herz Jesu als Ursymbol der Liebe, sowie des Innersten eines Menschen. Die besondere, brennende Liebe Jesu Christi soll damit zum Ausdruck gebracht werden. Viele künstlerische Darstellungen mit einem brennenden Herzen Jesu lassen dies gut erkennen.

Vor allem im alpenländischen Raum werden an diesem Tag Prozessionen und besondere Gottesdienste gefeiert (oft auch erst am Wochenende) und Herz-Jesu-Feuer auf den Bergen entzündet (in Form von Herzen, Kreuzen oder dem Christusmonogramm „IHS"). Manchmal werden Johannis- und Sonnwendfeuer mit dem Herz-Jesu-Feuer zusammengefasst, und ein gemeinsamer Tag zwischen dem 20. und 26. Juni wird für die Feuerbräuche auf den Bergen vereinbart.

Duftendes Herz

Was benötigt wird:

- Stoffreste
- Füllwatte
- Sommerkräuter, Lavendel

Wie es gemacht wird:

Aus dem Stoff werden zwei gleich große Herzen ausgeschnitten und rechts auf rechts zusammengenäht. Eine kleine Öffnung zum Wenden bleibt, durch diese werden nach dem Wenden etwas Füllwatte und – mit Hilfe eines Trichters – Lavendelblüten und andere getrocknete Sommerkräuter eingefüllt. Danach wird die kleine Öffnung zugenäht oder mit Textilkleber verschlossen. Das duftende Herz kann zum Herz-Jesu-Fest als kleines „Geschenk des Herzens" an liebe Bekannte verschenkt werden und als Duftkissen im Kleiderschrank dienen.

Filzherzenkette

Was benötigt wird:

- Bastelfilz in verschiedenen Farben
- Perlgarn, spitze Stopfnadel

Wie es gemacht wird:

Aus dem Bastelfilz werden beliebig viele Herzen (am besten mit Hilfe einer Kartonschablone oder einer Herzausstechform) ausgeschnitten und dann jeweils an einer Seite (z. B. alle Herzen am linken oberen Bogen) mit dem Perlgarn und einer spitzen Stopfnadel aufgefädelt. So entsteht eine Girlande, die als Schmuck im Haus dienen, aber auch für ein Fest des Herzens mit Freunden im sommerlichen Garten verwendet werden kann.

Herz-Jesu-Brot

Was benötigt wird:

- 1 kg Mehl (⅔ Roggenmehl, ½ Weizenmehl)
- 20 g Hefe
- 1 TL Zucker
- 600 ml warmes Wasser
- 1 EL Salz
- Brotgewürz (je 1 TL Kümmel, Fenchel, Anis, Koriander ...)
- Wunderkerzen

Wie es gemacht wird:

Die Hefe wird in eine Vertiefung im Mehl gebröselt und mit Zucker und etwas warmem Wasser angerührt, mit Mehl bestreut und danach ruhen gelassen, bis sich Risse zeigen. Diese Masse dann unter das Mehl heben, Gewürze hinzufügen und mit dem restlichen Wasser zu einem mittelfesten Teig kneten, bis der Teig beginnt zu glänzen. Diesen in eine bemehlte Schüssel geben und mit einem Tuch abdecken. Er wird so lange stehen gelassen, bis er auf etwa die doppelte Größe aufgegangen ist. Der Herd wird auf ca. 210° C vorgeheizt. Danach wird aus dem Teig entweder ein großes Herz geformt oder mehrere kleine Herzen, die dann noch einmal ca. 15 Minuten ruhen gelassen werden. In die Mitte der Teigherzen wird mit einem Messer ein weiteres Herz eingeritzt und der ganze Laib mit Wasser bestrichen. Nach ca. 15 Minuten wird der Herd von 210° C auf ca. 180° C zurückgedreht und das Brot insgesamt für ca. eine Stunde gebacken. Das Brot wird danach auf einem Gitter liegend ausgekühlt.
Die Wunderkerzen (meist 3 oder 5) werden in die Mitte des eingeritzten Herzens gesteckt und angezündet, bevor das Brot angeschnitten wird.

Ferienzeit

Die Ferienzeit ist nicht immer einfach eine schöne Zeit der Gemeinschaft als Familie. Oft ist es schwierig, die eigenen Arbeitszeiten mit den freien Tagen in Schule und Kindergarten zu vereinbaren. Wichtig ist, die gemeinsamen Zeiten wirklich zu genießen und sie nicht mit Pflichten zu füllen oder ausschließlich mit dringend zu erledigenden Angelegenheiten. Jeder Mensch braucht Pausen. Es ist wichtig, sich selbst auch solche zuzugestehen – es geht nicht darum, die freien Tage mit möglichst viel Aktivität zu füllen, sondern vielmehr darum, Dingen Raum zu geben, die Freude bereiten und zur Entspannung beitragen. Das kann eine Wanderung sein, aber auch ein Tag zu Hause, den man entspannt auf dem Sofa oder im Liegestuhl verbringt oder das Genießens eines besonderen Essens im Restaurant. Die Ferienzeit soll der Seele Entspannung und Erholung bringen – vielleicht ist es auch jene Zeit, in der Raum für Gedanken bleibt, die sonst eher verdrängt werden. Ferienzeit bedeutet „Zeit haben ...“ für sich und für andere. Mit Freude.

Der Fischer

Ein Tourist machte Urlaub am Meer und lebte in einem kleinen Dorf mit einem wunderschönen Fischerhafen. Als er einmal dort entlangspazierte, sah er einen Fischer, der da saß und sein Gesicht in die Sonne hielt. Verwundert fragte der Tourist: „Müssen Sie nicht raus aufs Meer fahren und Fische fangen?“ „Doch“, antwortete der Fischer. „Aber heute Morgen habe ich das schon gemacht, jetzt verbringe ich den Nachmittag auf diese Weise.“

Die Antwort verwirrte den Touristen und er sagte: „Ja, warum fahren Sie denn nicht nochmal hinaus aufs Meer und fangen Fische? Sie könnten gutes Geld verdienen und ein größeres Schiff kaufen, noch mehr Fische fangen und Matrosen anstellen, die Ihre Arbeit übernehmen. Dann könnten Sie vielleicht ein eigenes Geschäft oder ein Restaurant eröffnen, vielleicht sogar mit einer Filiale im Nachbardorf ... und Sie wären reich ...“

„Und dann?“ fragte der Fischer

„Ja, wenn Sie reich sind, brauchten Sie gar nichts mehr zu tun. Sie könnten hier am Hafen sitzen und auf das Meer hinausblicken.“

„Ja, aber das tue ich doch schon jetzt“, meinte der Fischer.

Ferienwunsch-Sammlung

Nicht immer ist es klar, was mit der Ferienzeit gemacht werden soll. Jeder hat eigene Vorstellungen und Wünsche für die freien Tage. Am Beginn der Ferien kann sich die Familie zusammenfinden und alle Wünsche notieren. Dabei kann jeder für sich eine kleine Liste erstellen und daraus 3 bis 5 Punkte auswählen, die ihm / ihr besonders wichtig sind. Es kann dabei um individuelle Unternehmungen gehen (z. B. Friseurbesuch, Einkaufsbummel, Schwimmen mit einer Freundin ...), aber es ist wichtig, auch für die ganze Familie Ideen zu sammeln. Aus diesen Ideen können dann für die nächsten Tage ein oder zwei Ideen ausgewählt werden, in der folgenden Woche (je nach Wetter) die weiteren. Die Wahrscheinlichkeit für Zufriedenheit und Freude bei allen Familienmitgliedern ist so wesentlich höher, als wenn nur die Eltern besprechen, was in den nächsten Tagen unternommen wird. Vor allem, wenn ältere Kinder in der Familie sind, ist es ein Zeichen der gegenseitigen Wertschätzung und Achtung, miteinander die Ferien zu planen.

Wunschtafel

Eine einfache und für das ganze Jahr verwendbare Idee ist es, eine Wunschtafel an einer Wand z. B. im Flur zu gestalten. Hier können mit Kreide jederzeit Wünsche, Bitten, wichtige Nachrichten u. ä. notiert werden.

Was benötigt wird:

- Tafelfarbe
- Malerkrepp-Band
- evtl. Magnetfarbe

Wie es gemacht wird:

Mit dem Malerkrepp-Band wird die Form der Tafel vorgeklebt. Innerhalb dieser Begrenzung wird die Fläche dann entweder zuerst mit magnetischer Farbe vorgestrichen und nach dem Trocknen dann mit Tafelfarbe überpinselt oder – wenn eine Magnettafel nicht notwendig ist – sofort mit der Tafelfarbe gemalt. Nach dem gründlichen Trocknen wird das Malerkrepp-Band entfernt. Nun kann aus Holz ein Rahmen gebastelt und auf die Wand geklebt/genagelt werden oder mit einem Lackstift eine kreative Umrandung gestaltet werden. Eine Kreide, die an ein Band gebunden gleich daneben hängt, ermöglicht es, jederzeit auch spontane Einfälle für alle sichtbar zu notieren.

Ferienaktivitäten

Wenn keine Urlaubsreise geplant ist, gibt es viele Möglichkeiten, auch von zu Hause aus Unternehmungen zu machen. Selbst wenn das Budget knapp bemessen ist, ist vieles möglich, was Spaß macht und ein besonderes Sommergefühl vermittelt.

Picknick

Gerade bei Kindern ist das Picknick sehr beliebt. Es muss dafür kein besonders weit entferntes Ziel gewählt werden: ein Park in der Nähe, ein schöner Platz in einem Wald, der Balkon, ein Plätzchen auf einer Wanderroute, im Garten, bei und mit Freunden ...

Picknickdecke

Sehr einfach herzustellen ist eine „Picknickdecke". Sie kann leicht zusammengerollt oder gefaltet werden und findet in einem Korb genauso Platz wie in einem Rucksack. Auch kann sie mit einem Band zusammengebunden und dann z. B. von einem Kind getragen werden.

Was benötigt wird:

- Stoffreste
- Stoffstück für die Unterseite (mind. 2 x 2 m)
- Volumenflies in der gewünschten Deckengröße

Wie es gemacht wird:

Die Stoffreste werden zu Quadraten geschnitten (z. B. mit 10 x 10 cm oder 20 x 20 cm) und am Boden in der gewünschten Anordnung aufgelegt. Dann wird Bahn für Bahn ein Quadrat nach dem anderen etwa füßchenbreit zusammengenäht. Wenn alle Bahnen fertiggestellt sind, werden diese miteinander verbunden (wieder füßchenbreit). Diese Oberseite der Decke wird dann gut gebügelt. In der Zwischenzeit wird der Stoff der Unterseite mit der rechten Seite nach außen aufgelegt, das Volumenflies darüber und die Deckseite dann darauf. Alles wird jetzt gut zusammengesteckt und am besten geheftet, sodass beim Nähen nichts verrutschen kann. Entlang der Quadrate kann nun in jeder Reihe mit etwas Abstand den Nähten entlang alles gesteppt (gequiltet) werden oder in Diagonalen (dabei aber am besten mit einem Krepp-Band die Nahtposition vorkleben, um nicht schief zu geraten). Wenn alle Nähte versteppt sind, kann der Rand gestaltet werden. Dabei kann entweder der überschüssige Stoff der Unterseite nach oben geklappt und festgenäht oder die ganze Decke z. B. mit einem breiteren Schrägband eingefasst werden. Viele machen diese Arbeit auch von Hand.

Picknickbestecktasche

Gerade bei einem Picknick mit mehreren Personen kann es praktisch sein, eine Picknickbestecktasche dabei zu haben. Hierfür wird eine Rolle mit einzelnen Fächern für die Gabeln, Löffel und Messer genäht. Nach dem Picknick kann auch das verschmutzte Besteck eingeordnet werden, da die Picknickbestecktasche problemlos in der Waschmaschine gewaschen werden kann.

Was benötigt wird:

- 50 x 50 cm fester Stoff
- 50 x 50 cm dünner Stoff als Futter
- 50 x 25 cm des festen Stoffes
- 50 x 7 cm fester Stoff (als Band)

Wie es gemacht wird:

Der feste und der dünne Stoff werden rechts auf rechts zusammengenäht, eine kleine Öffnung zum Wenden bleibt. Das kleinere Stück wird an allen Seiten gesäumt und dann ca. 1-2 cm umgebügelt. Nach dem Wenden wird das große Stück fest gebügelt und an den Rändern schmalkantig abgesteppt, zugleich wird das kleinere Stück auf die gefütterte Seite am unteren Ende angenäht. Danach werden in der gewünschten Größe die Fächer für das Besteck genäht. Die Oberseite kann dann eingeklappt werden, damit kein Besteck beim Transport herausrutschen kann. Das eingeklappte Stoffstück kann zusammengerollt und mit einem Band, für das ein etwa 7 cm breites und 50 cm langes Band zu allen Seiten eingebügelt und zusammengenäht wird, zugebunden werden.

Picknick im Korb

Für ein Picknick eignen sich eigentlich alle Speisen, die nicht nachträglich erhitzt werden. Am einfachsten ist es, die Speisen in Plastikdosen oder in Gläsern mit Schraubverschluss zu transportieren. Ein Korb bietet Platz für alles.

- Tomaten- oder Gurkensalat
- eingelegtes Gemüse
- bereits aufgeschnittene Karotten, Paprika u. ä.
- Aufstrich oder Joghurtdips
- aufgeschnittenes Brot, Grissinistangen
- Nudelsalat
- Obst
- in Stücke geschnittener Blechkuchen
- Wasser oder Saft

Sommer-Picknick-Kuchen

Was benötigt wird:

- 500 g Mehl
- ½ Päckchen Backpulver
- 250 g geriebene Nüsse
- 250 g Zucker
- 250 g geraspelte Zucchini
- 2 EL Zitronensaft
- 180 ml Öl
- 3 Eidotter
- 3 zu Schnee geschlagene Eiweiß
- 3 EL Marmelade, Mandelblättchen

Wie es gemacht wird:

Die Zutaten (außer Marmelade und Mandelblättchen) werden miteinander vermischt, am Ende wird der Eischnee vorsichtig untergehoben. Die Masse wird auf ein Blech, das sorgfältig eingefettet oder mit Backpapier ausgelegt wurde, gestrichen und bei ca. 180° C für etwa 30 Minuten gebacken. Der Kuchen wird anschließend in Stücke geschnitten und mit erwärmter Marmelade bestrichen. Darauf werden die Mandelblättchen verteilt.

Wasserbilder

Gerade an sehr heißen Sommertagen ist es auch für Kinder nicht immer einfach, eine Beschäftigung zu finden. An einem schattigen Plätzchen mit einem Pinsel und einem Eimerchen Wasser lassen sich kleine Kunstwerke auf dem Boden erschaffen. Ein wenig spüren Kinder dabei die Vergänglichkeit: Das Wasser trocknet innerhalb kürzester Zeit – und es kann ein neues Werk geschaffen werden!

Hand- und Fußabdrücke

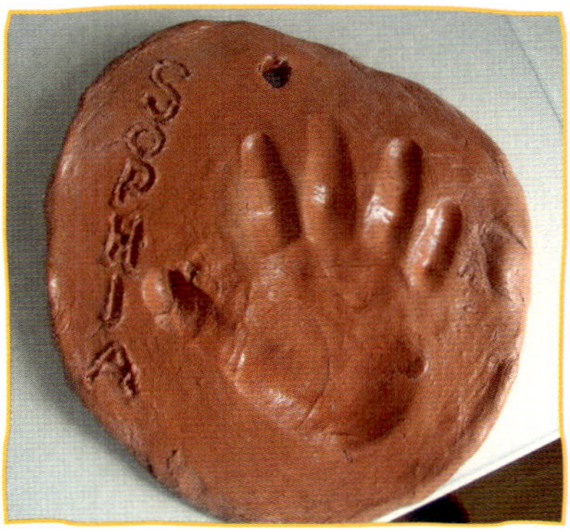

Aus lufttrocknender Modelliermasse wird eine größere Platte ausgerollt, auf die dann die Hand oder der Fuß fest aufgedrückt wird. Mit einem Zahnstocher kann der Name dazugeschrieben werden oder auch das Datum des Abdrucks, auch ein ausreichend großes Loch, um den Hand- und Fußabdruck aufhängen zu können, muss vorbereitet werden. Bei der sommerlichen Hitze trocknet das Bild schnell im Schatten.

Sommer-Schmetterling

Das Malen auf sehr saugfähigem Papier fasziniert Kinder und Erwachsene gleichermaßen: Man weiß nie, wie das Endergebnis aussehen wird. Besonders farbintensiv werden Experimente mit in Wasser aufgelösten Lebensmittelfarben (z.B. Reste vom Färben der Ostereier), die mit einer Pipette auf Küchenpapier aufgetropft werden. Das getrocknete Papier wird in der Mitte mit einem Stück Bast zusammengefasst und schon gibt es einen farbenfrohen Sommer-Schmetterling.

Wallfahrten/Pilgern

Das Pilgern erfreut sich immer größerer Beliebtheit. Einige Tage oder Wochen zu Fuß unterwegs zu sein, bedeutet nicht nur eine Herausforderung für den Körper, sondern auch für den Geist. Stundenlanges, ruhiges Gehen in aller Einfachheit des Pilgers wirft zurück auf sich selbst. Es ist eine Zeit, in der persönliche Anliegen hervorbrechen und vielleicht bislang unklare Entscheidungen getroffen werden können. Das Pilgern verändert viele Menschen, macht sie stärker und zeigt, was wirklich wichtig ist für das Wohlbefinden.

Nicht jedem ist eine lange Pilgerreise möglich, aber eine Wallfahrt ist gerade für Familien eine gute Möglichkeit, ähnliche Erfahrungen zu machen. Der Besuch einer Wallfahrtskirche, begleitet von einer Wegstrecke zu Fuß oder das Erkunden der Umgebung, das Verweilen an ruhigen Plätzchen ... gemeinsam als Familie kann dies eine gute und heilsame Erfahrung sein.

Auch für Familien, die noch mit kleineren Kindern, vielleicht auch im Kinderwagen, unterwegs sind, sind Wallfahrtsorte oft ein gutes Ausflugsziel, weil vielerorts auf Barrierefreiheit geachtet wird und die meisten Zugänge auch für Kinderwagen gut befahrbar sind.

Lasset uns gemeinsam

Text und Melodie: überliefert

Wallfahrtsalbum

Ein kleines Fotoalbum kann als „Wallfahrtsalbum" gestaltet werden. Hier werden Andenken an gemeinsame Familienwallfahrten gesammelt. Fotos, Postkarten und vielleicht auch andere bedeutsame Dinge (getrocknete Blumen, ein Gebet usw.).

Pilgerstab

Vor allem Kinder, die nicht gerne zu Fuß unterwegs sind, sind gut für einen Pilgerstab zu begeistern, der auch unterwegs hergestellt werden kann. Am besten eignen sich z.B. Haselnussstäbe, weil diese gut mit einem Taschenmesser bearbeitet werden können. Größere Kinder können dies vielleicht sogar schon selbst tun. Es kann der Name des Kindes oder andere kunstvolle Schnitzereien mit dem Messer eingeschnitten werden.

Pilger-Shirts oder -Mützen für die ganze Familie gestalten

Gerade wenn man öfters als Familie Wallfahrten unternimmt oder Wanderrouten mit dem Ziel einer Wallfahrtskirche hat, kann es motivierend und den Anlass besonders kennzeichnend sein, wenn für diesen Tag die Familie jeweils ein „Pilger-Shirt" oder eine „Pilger-Mütze" trägt. Diese T-Shirts oder Mützen können zuvor gemeinsam gestaltet werden. Die einfachste Variante ist es, aufbügelbare Schriftzüge oder Motive zu besorgen und damit die Kleidungsstücke zu verzieren. Aber auch das Bemalen mit Stofffarben kann Freude bereiten. Eine gute Möglichkeit ist es auch, aus Stoff ein Motiv auszuschneiden, es mit etwas Bügelvlies zu festigen und dann schmalkantig abgesteppt oder im engen Zick-Zackstich aufzunähen.

Mariä Himmelfahrt – 15. August

Das Fest Mariä Himmelfahrt wird seit dem 5. Jahrhundert gefeiert. Die Aufnahme Mariens in den Himmel wird dabei am 15. August bedacht und zelebriert. Schon seit langer Zeit werden an diesem Tag Kräuter gesegnet. Zahlreiche Marienwallfahrtsorte feiern an diesem Tag ihr Patrozinium, gestalten große Prozessionen und festliche Gottesdienste. In manchen Gegenden ist dieser Tag besonders für Trachtenvereine von großer Bedeutung, da zu diesem Fest alle Gottesdienstbesucher in ihrer Tracht erscheinen. Oft werden dabei sehr alte traditionelle Kleider dieses eine Mal im Jahr angezogen.

Besondere Festtagskleidung

Trachtenkleidung ist nicht nur eine Besonderheit im Alpenraum; weltweit gibt es bestimmte Kleidungsformen, die die Zugehörigkeit zu einer bestimmten Volksgruppe, Talschaft oder Bundesgebiet zeigen. Das Interesse an Trachten erwachte im deutschsprachigen Raum hauptsächlich im 19. Jahrhundert durch ein vermehrtes Bedürfnis nach Heimat- und Zugehörigkeitsgefühl. Unterschieden wird zwischen Festtags- und Werktagstracht. Am Fest Mariä Himmelfahrt tragen Mitglieder von Trachtenvereinen meist aufwändig gefertigte Trachten nach sehr alten Schnittmustern. Nicht jeder vermag es, solch ein besonderes Kleidungsstück von Hand zu nähen, so erfreuen sich auch die Werktagstrachten großer Beliebtheit, v. a. bei Chören, Vereinen oder auch bei Kindern. Feiertage wie der 15. August laden dazu ein, sich über alte Kleidung Gedanken zu machen und den Wert von Traditionen auch in diesem Bereich zu bedenken.

Kräuterstrauß

Je nach Region wird eine unterschiedliche Anzahl an Kräutern zu einem Strauß gebunden und zur Kirche mitgebracht. 7 (Anzahl der Schöpfungstage), 9 (drei Ma die Dreifaltigkeit), 12 (Stämme Israels bzw. Anzahl der Jünger Jesu) oder 14 (Anzah der Nothelfer) sind die üblichste Anzahl an Kräutern im Kräuterstrauß. In der Rege werden Kräuter aus dem Garten genommen, darunter meist auch alte Kräuterarten wie Johanniskraut, Beifuß, Alant, Kamille, Eisenkraut, Schafgarbe und verschiedene Getreidesorten.

Nach der Kräuterweihe wird der Strauß getrocknet und versorgt die Familie für lange Zeit in den küh len Herbst- und Wintermonaten mit Kräutern für die Küche, als Tee oder auch als Heilmittel. Auch gibt es den Brauch, nach dem Trocknen der Kräuter jene fein zu verreiben und mit Salz zu mischen, so entsteht ein gut gewürztes Kräutersalz für den Hausbedarf. Auch ist die Tradition bekannt, kleine Teile der Kräuter bei Unwettern im Herd zu verbrennen.

Kräuterbutter

Was benötigt wird:

- 100 g weiche Butter
- 1 EL Senf
- 3 EL frische Kräuter (Salbei, Majoran, Schnittlauch, Petersilie usw.)
- etwas Salz und Pfeffer
- Zitronensaft

Wie es gemacht wird:

Alle Zutaten werden miteinander verrührt. Danach wird aus der Butter eine Rolle geformt und in Alufolie gewickelt für mindestens 2 Stunden im Kühlschrank kaltgestellt. Diese Kräuterbutter kann auf Brot, aber auch zu Kartoffeln oder gebratenem Fleisch gegessen werden.

Kräutersalz

Verschiedene Kräuter aus dem Garten oder vom Feld werden gut an einem schattigen Platz getrocknet (am besten hängend) und dann mit den Händen fein aufgerebelt. Diese Kräuter werden mit Meersalz vermischt (etwa ⅓ Salz, ⅔ Kräuter) und in einem Schraubglas aufbewahrt.

Kräuter-/Blumenkranz

Vor allem für jüngere Mädchen ist ein Kräuter- oder Blumenkranz etwas Besonderes. Den ganzen Sommer über kann er aus Wiesenblumen gewunden werden. Dazu werden einzelne Blumen am Stängel miteinander verknotet, oder in größere Stängel wird ein kleineres Loch geritzt, durch das dann weitere Blumen gesteckt werden können. Am Maria Himmelfahrtstag können Mädchen auch zu ihrem Sonntagskleid einen Blumenkranz beim Gottesdienst tragen.

Sommerblumen

Den ganzen Sommer über blühen Blumen in Gärten und Feldern. Auch wenn die Blumen natürlich die längste Haltbarkeit in der freien Natur erleben, so kann es doch Freude bereiten, sie auch im Haus zu haben. Vor allem an Regentagen oder auch wenn ein Besuch ansteht, kann ein bunter Strauß aus Blumen und Kräutern viel Freude bereiten.

Schutzengelsonntag

In manchen Regionen wird der erste Sonntag im September als Schutzengelsonntag gefeiert, bei dem es oft auch eine Prozession durch die Felder der Umgebung gibt. Engel spielen für viele Menschen eine bedeutende Rolle. Der Schutzengel ist schon bei der Taufe eines Kindes sehr oft als Geschenk in Form einer Halskette mit einem Schutzengelanhänger präsent.

Das Wort „Engel" bedeutet so viel wie Bote, ein Mittler zwischen Gott und den Menschen. Jeder Mensch hat einen Schutzengel, der ihn durch das Leben begleitet. Der Schutzengel spielt auch in der Alltagssprache immer wieder eine Rolle. Vor allem in Situationen, bei denen man nur knapp einem Unglück entgangen ist, wird gern ein Dank an den Schutzengel ausgesprochen. Vor allem für Eltern ist es eine erleichternde Vorstellung, ihre Kinder einem Engel anvertraut zu wissen, der sie begleitet, wo sie selbst nicht mehr eingreifen und schützen können.

Schutzengelfensterbild gestalten

Was benötigt wird:

- Transparentpapier (weiß und gelb)
- Klebestift

Wie es gemacht wird:

Aus dem weißen Transparentpapier wird ein weites Kleid sowie ein Kreis (Kopf) ausgeschnitten. Aus dem gelben Papier werden Flügel ausgeschnitten. Alles wird dann leicht überlappend zusammengeklebt und ins Fenster gehängt oder direkt auf die Scheibe mit etwas Klebeband aufgeklebt.

Schutzengelgebete

Schutzengel, lieber Beschützer mein,
lass mich dir befohlen sein.
Am Tag und auch in der langen Nacht
gib auf mich und die Meinen Acht.

Engel Gottes, leite mich,
an deiner Hand sicher führe mich.
Zeige mir, auf Jesus zu schauen
und zu vertrauen.
Am Tag und in der Nacht
gib auf mich Acht.

Wo ich auch gehe oder stehe,
du, mein Engel, bist bei mir,
und ich danke dir dafür!

Heiliger Schutzengel mein,
lass mich dir empfohlen sein.
In allen Nöten steh mir bei
und halte mich von Bösem frei.
An diesem Tag, ich bitte dich,
schütze und bewahre mich.

Schutzengelbild gestalten

Was benötigt wird:

- Wasserfarben, breiter Pinsel
- Papier
- Rahmen in passender Größe
- Schutzengelgebet

Wie es gemacht wird:

Das Papier wird mit Wasserfarben in hellen Tönen bemalt, nach innen hin immer heller (z. B. in der Mitte gelb, nach außen hin mehr rot und violett). Es wird dabei sehr viel Wasser verwendet, sodass die Farben sehr blass und verschwommen werden. Nach dem Trocknen wird mit einem besonderen Stift, z. B. Gold oder mit Tinte, ein Schutzengelgebet in den hellen Bereich geschrieben. Danach wird das ganze Schutzengelbild in einen passenden Rahmen gegeben und kann z. B. über dem Bett eines Kindes aufgehängt werden.

Schutzengellaterne

Was benötigt wird:

- Glasgefäß (großes Marmeladeglas oder weite Vase)
- Seidenpapier in unterschiedlichen Tönen einer Farbe (z. B. verschiedene Gelbtöne)
- Tapetenkleister
- Kopierpapier (weiß)

Wie es gemacht wird:

Das Glasgefäß wird mit dem in kleine Stücke gerissenen Seidenpapier mit Tapetenkleister beklebt. Zwischen die Seidenpapierteile werden ein oder zwei Engel, die aus dem weißen Kopierpapier ausgeschnitten wurden, mitgeklebt. Nach dem Trocknen kann ein Teelicht in das Glas gestellt werden, und am Abend kann dieses Licht beim Gutenachtgebet brennen.

Regentage im Sommer

Gar nicht selten fällt so mancher Ferientag ins Wasser. Es regnet, stürmt oder ist zu kühl und feucht, um etwas im Freien zu unternehmen. Auch wenn Fernseher und Computer verlockend sind, so gibt es doch auch andere Möglichkeiten, einen Regentag miteinander zu verbringen. Neben einem Spaziergang mit Regenmantel und Schirm kann einerseits mehr Zeit für das Kochen und Backen in Anspruch genommen werden, andererseits bleibt auch vielleicht mehr Ruhe und Zeit, um zu lesen oder miteinander ins Gespräch zu kommen. Auch Gesellschaftsspiele, Puzzles oder Malen können eine schöne Abwechslung zu den Aktivitäten im Freien darstellen

Kuverts aus Altpapier

Ganz einfach können schon von Kindern aus bunten Prospekten Kuverts hergestellt werden. Die Größe des Werbematerials muss ungefähr bei A4 liegen (notfalls zurechtschneiden). Zuerst wird das Blatt in der Breite so nach oben gefaltet, dass am oberen Rand noch etwa 5 cm Prospekt überstehen. Danach werden die Seiten mit etwas Klebeband zugeklebt und die freien Zentimeter über die so entstandene „Tasche" gefaltet: Schon ist das Kuvert fertig!

Um die Adresse besser lesbar zu machen, kann aus Papier noch ein Rechteck für die Adresse ausgeschnitten und aufgeklebt werden. Alternativ kann man auch ein Etikett für den Postversand verwenden.

Kleidung färben

Vor allem in Haushalten mit Kindern gibt es immer wieder Kleidung mit Flecken, die sich nicht mehr lösen. An einem Regentag gemeinsam diese Stücke herauszusuchen und sie abzubinden oder zu verknoten, um sie anschließend zu färben, kann viel Freude bereiten und macht neugierig auf das Ergebnis des Experiments. Durch die Färbung werden viele Flecken auch plötzlich nahezu unsichtbar.

Was benötigt wird:

- Textilfarbe (für die Waschmaschine)
- Färbesalz
- Bindfaden, Gummiringe, Wäscheklammern

Wie es gemacht wird:

Nach Belieben werden die Kleidungsstücke mit dem Bindfaden abgebunden. Vor dem Festschnüren können auch Reiskörner, Knöpfe oder andere Gegenstände zwischen die Stofflagen gelegt werden. Auch das Zusammenklammern der Stofflagen kann einen Abdruck hinterlassen.

Sind alle Kleidungsstücke abgebunden, werden sie in die Waschmaschine gegeben und die Textilfarbe der Anleitung entsprechend verwendet. Nach dem erfolgreichen Färben muss die Wäsche vor dem Aufhängen aufgeknüpft und noch einmal gründlich gespült bzw. gewaschen werden. Es ist auch möglich, die Textilfarbe in Eimern anzurühren und dann einzelne Kleidungsstücke gleich in mehreren Farben zu gestalten.

Stiftebecher

Mit einigen bunten Rollen Masking Tape kann ganz einfach ein Marmeladenglas oder eine Dose beklebt werden. Schon ist ein Becher für alle Buntstifte fertig. Auf dieselbe Weise können Vasen oder andere Gefäße und Schachteln beklebt werden.

Herbstzeit im Jahreskreis

Der Herbst ist eine Jahreszeit, in der vieles zur Ruhe kommt. Es ist eine Zeit, die die Vergänglichkeit in der Natur überall erlebbar macht. Die Tage werden kürzer, die Temperaturen sinken, und in der Landschaft ist zwar ein letztes Farbenspiel in aller Pracht zu genießen, aber die Blätter fallen von den Bäumen und die Blumen welken. Auch im Garten können nur noch wenige Früchte geerntet werden, und vieles wird für die ersten frostigen Nächte und den nahenden Winter vorbereitet. Im Kirchenjahr steht das Erntedankfest im Mittelpunkt des Herbstes. Der Dank für die gute Ernte, die Gedanken an all jene, deren Arbeit unsere Vielfalt an Nahrungsmitteln ermöglicht, und auch das Gebet für jene, die Hunger leiden und Ungerechtigkeit erleben, um das tägliche Überleben kämpfen müssen, oder jene, die einfach keine Zukunft für sich und ihre Familie aufbauen können, soll nicht vergessen werden. Am Ende des Herbstes wird den Verstorbenen in besonderer Weise gedacht. Am Allerheiligentag versammeln sich viele Menschen an den Gräbern ihrer Verstorbenen und denken an sie. Die Heiligen, die als Vorbilder für uns in unserem Glauben dienen können, werden besonders bedacht. Das Gebet zu ihnen und die Bitte um ihre Fürsprache für alle Verstorbenen und auch für sich selbst begleitet diesen Tag. Am Allerseelentag wird aller Verstorbenen gedacht, Lichter werden entzündet, und besonders jene, die in diesem Jahr seit dem letzten Allerseelen-

tag verstorben sind, sind in Gedanken besonders nahe. Es ist auch ein Tag, an dem an all jene gedacht wird, die scheinbar vergessen sind, an die niemand denkt. Auch für sie werden an diesem Tag Gebete gesprochen und Lichter entzündet. So klingt der Jahreskreis im Herbst aus und lässt uns den Blick auf die Endlichkeit des Lebens richten und auch auf das, was uns wirklich trägt und im Leben wichtig ist.

Herbstzeit – Alltagszeit

Nach den freien Sommertagen voller Ferienstimmung bringt der Herbst in den meisten Familien wieder mehr Rhythmus. Die Schule beginnt, im Kindergarten wird der Herbst mit allen Sinnen erlebt, und auch das Arbeitsleben der Eltern wird alltäglicher. Abläufe zu Hause, das Koordinieren von Stundenplänen, Musikunterricht und Sportvereinen – so manches ist ein Balanceakt. Feste Rhythmen geben da Halt. Der Herbst ist oft auch eine Zeit der Umgewöhnung und des Findens neuer Wege als Familie, vor allem wenn Kinder zum ersten Mal zur Schule gehen oder die Eingewöhnungsphase in Kindergarten oder Krabbelgruppe beginnt.

Der Herbst lädt in all seiner Farbenpracht, aber auch in der Ruhe, die sein goldenes Licht mit sich bringen kann, ein, über den Familienalltag nachzudenken. Welche Rituale tun uns als Familie gut? Was hat uns im Herbst des letzten Jahres Freude bereitet? Gibt es Dinge, die wir vermeiden wollen? Ein guter Anfang kann es sein, sich viel in der Natur aufzuhalten und sich von den Farben, aber auch vom Zur-Ruhe-Kommen allen Lebens inspirieren zu lassen.

Herbstlicher Türkranz

Beim Wandern oder Spazierengehen in der Natur können Zweige, besondere Beeren (Hagebutten u. ä.) und Blätter gesammelt werden. Diese werden mit Blumendraht auf einem vorgefertigten Weidenkranz (den man aber auch selbst aus Weidenästen machen kann) befestigt. Es kann der gesamte Kranz mit Naturmaterialien umwunden werden, aber auch nur die untere Hälfte.

Herbstblätterlicht

Was benötigt wird:

- Marmeladeglas
- gepresste bunte Blätter (eher längliche Form)
- Bastband
- Teelicht

Wie es gemacht wird:

Die gepressten Blätter (z. B. zwischen zwei Lagen Papier in einem dicken Buch, das zusätzlich mit anderen Büchern beschwert wird) werden rund um das Marmeladeglas gelegt und mit einem Bastband festgebunden. Das Teelicht bringt die Farben der bunten Herbstblätter besonders zur Geltung.

Herbst-Läufer

Was benötigt wird:

- Leinen- oder Baumwolltuch (altes Leintuch)
- Stickgarn in Braun, Orange, Dunkelrot
- großes Herbstblatt, evtl. gepresst

Wie es gemacht wird:

Das Leintuch wird in der gewünschten Größe zurechtgeschnitten und mit der Nähmaschine gesäumt. Danach wird z. B. in einer Ecke das Blatt mit einem Konturenstift (oder auch Bleistift) umrandet und diese Linien nachgestickt. Auch weitere Blätter oder das Wort „Herbst“ könnten vorgezeichnet und dann nachgearbeitet werden (am einfachsten mit Rückstich).

Nusskranz

Was benötigt wird:

- Strohkranz oder Styroporkranz
- Haselnüsse
- Heißkleber

Wie es gemacht wird:

Mit der Heißklebepistole werden einzeln die Nüsse auf den Kranz geklebt. Wichtig ist, die Nüsse möglichst nahe aneinander zu platzieren, sodass der darunter liegende Kranz kaum gesehen werden kann. Der Nusskranz ist eine schöne Dekoration als Türkranz, aber auch auf einem Tisch mit Früchten oder einer Kerze gefüllt.

In meinem kleinen Apfel

Text: überliefert
Melodie: Wolfgang Amadeus Mozart

2. In jedem Stübchen wohnen
zwei Kernlein braun und fein,
sie sitzen drin und träumen
vom hellen Sonnenschein.

3. Sie träumen da noch weiter
gar einen schönen Traum,
wie sie einst werden hängen
am hellen Weihnachtsbaum.

Erntedank

In der Regel wird das Erntedankfest am ersten Sonntag im Oktober gefeiert, viele Gemeinden feiern aber auch an anderen Sonntagen dieses Monats. Das Erntedankfest ist ein Fest des Dankes – vor allem in Zeiten des Überflusses gerät es schnell in Vergessenheit, wie wenig selbstverständlich das tägliche Brot und das Genießendürfen von hochwertigen Nahrungsmitteln ist. Vor allem in ländlichen Regionen werden prunkvolle Erntedankkronen mit den Früchten der Ernte gefertigt und in Prozessionen durch das Dorf getragen. Anschließend an die Messfeier werden diese Früchte dann bei einer Agape geteilt. Auch gibt es den Brauch, diese Früchte der Ernte an Menschen in Not zu verteilen. Bei Gottesdiensten werden manchmal auch gut haltbare Lebensmittel gesammelt, die danach zu einem Obdachlosenheim gebracht oder gerade in Städten für jene verwendet werden, die an die Tür des Pfarrhauses klopfen auf der Suche nach einer Mahlzeit.

Herbstliche Filz-Wimpelkette

In der Küche, beim Essplatz oder auch im Freien kann die herbstliche Filz-Wimpelkette alljährlich ihren Platz finden. Sie kann nach eigenem Geschmack mit unterschiedlichen Motiven des Herbstes (Blätter, Eicheln, Nüsse, Tiere ...), aber auch mit Worten (Herbst, Erntedank, Danke ...) gestaltet werden.

Was benötigt wird:

- Bastelfilz in herbstlichen Farben
- Perlgarn und spitze Stopfnadel

Wie es gemacht wird:

Aus dem Filz werden gleich große Rechtecke in der gewünschten Anzahl ausgeschnitten und einzeln mit verschiedenen Motiven oder Buchstaben gestaltet werden. Am besten werden jene mit etwas Klebstoff befestigt und anschließend mit dem Perlgarn von Hand aufgenäht.

Wenn alle Wimpeln fertiggestellt sind, werden diese auf ein breites Band genäht, das an den Enden genügend freies Band lässt, um es gut in einem Raum oder im Freien aufhängen zu können.

Erntedankkrone aus Papier

Was benötigt wird:

- Tonpapier in verschiedenen Farben
- Schere, Klebestift

Wie es gemacht wird:

Aus braunem Tonpapier werden drei gleich lange Streifen geschnitten, davon wird einer zu einem Kreis geklebt und die zwei weiteren jeweils seitlich zu einem Bogen über dem Kreis angeklebt, sodass sie sich in der Mitte oben überkreuzen. Danach wird dieses „Kronengerüst" mit ausgeschnittenen Blättern, Äpfeln und Gemüse beklebt.

Apfelkranz

Was benötigt wird:

- Modelliermasse (lufttrocknend)
- Acrylfarben
- Holzstückchen als Stängel

Wie es gemacht wird:

Aus der Modelliermasse werden kleine Äpfel geformt. In ihre obere Mitte wird ein kleines Aststück als Stängel gesteckt. Nach dem Trocknen (einige Tage) kann jeder Apfel mit Acrylfarben bemalt werden. Einige Äpfel können lose als Dekoration dienen, aber sie können auch mit Heißkleber aneinander geklebt und zu einem Kranz geformt werden.

Erntedankbrot

Was benötigt wird:
- 600 g Weizenmehl
- 100 g Roggenschrot
- 100 g Roggenmehl
- 40 g Hefe
- 1 EL Honig
- 150 ml handwarme Milch
- 2 TL Salz
- 400 ml Buttermilch
- Hafer- oder Dinkelflocken zum Bestreuen

Wie es gemacht wird:
Das Mehl wird miteinander vermischt, die Hefe in eine Mulde gebröselt und mit der warmen Milch angerührt, danach mit etwas Mehl bedeckt ruhen gelassen, bis sich Risse über der Hefe-Milch-Mischung bilden. Danach werden die restlichen Zutaten hinzugefügt und alles gut miteinander verknetet, bis der Teig zu glänzen beginnt. Danach muss der Teig ruhen, bis er etwa doppelt so groß geworden ist. Anschließend wird er in zwei Hälften geteilt und zu Laiben geformt, mit etwas Milch bestrichen und mit Hafer- oder Dinkelflocken bestreut. Mit einem Messer werden die Laibe tief über Kreuz eingeschnitten und nochmals ca. 15 Minuten ruhen gelassen, danach bei ca. 210° C im vorgeheizten Backofen für ca. 50 Minuten gebacken.

Brotbeutel

Was benötigt wird:

- Geschirrtuch
- Baumwollband
- Stickgarn

Wie es gemacht wird:

An einer Längsseite des Geschirrtuchs wird ein Tunnel genäht, durch das das Baumwollband gut hindurchpasst. Danach wird das Tuch rechts auf rechts in der Mitte gefaltet und oben/unten zusammengenäht. Am oberen Ende bleibt ein kleiner Schlitz, sodass der Tunnel frei ist und das Band ohne Probleme mit einer Sicherheitsnadel durchgezogen werden kann. Vor dem Zusammennähen kann auch noch ein Motiv oder das Wort „Brot“ auf eine Seite des Geschirrtuchs gestickt werden.

Genähte Kürbisse

Was benötigt wird:

- Stoff in Orange, Rot oder Gelb
- Perlgarn in Orange, Gelb, Grün oder Rot
- Füllwatte oder gerebelte, getrocknete Kräuter
- Holzstückchen

Wie es gemacht wird:

Aus dem Stoff werden je zwei gleich große Kreise mit dem Zirkel vorgezeichnet und mit etwa 1 cm Nahtzugabe zugeschnitten. Der Stoff wird rechts auf rechts gelegt, bis auf eine kleine Öffnung zugenäht und dann gewendet. Der Kreis wird mit Füllwatte oder getrockneten Kräutern (auch eine Mischung aus beidem ist möglich) gefüllt und mit einigen Stichen von Hand zugenäht. Danach wird von der Mitte ausgehend mit dem Perlgarn der Kürbis „in Form gebracht“, dabei wird jeweils der Faden im gewünschten Abstand von der oberen Seite über die untere gezogen und jeweils in der Mitte fixiert. Zum Abschluss wird ein kleines Aststückchen in der Mitte festgenäht oder angeklebt (als Stängel des Kürbisses).

Kochen mit allen Sinnen

Besonders rund um das Erntedankfest ist es gut, miteinander mit frischen Zutaten zu kochen. Wer einen Garten hat, kann diese von dort bekommen, andere finden vielleicht die Möglichkeit, auf einem Markt einzukaufen und vor allem den Blick auf heimische Obst- und Gemüsesorten zu lenken. Es ist gut, beim Kochen Kindern auch etwas zuzutrauen. Karotten oder Kartoffeln können, genauso wie Obst, mit einem gewöhnlichen Tischmesser auf einem gut haltenden Brett geschnitten werden. Die ganze Familie erlebt so bewusst den Umgang mit Nahrungsmitteln, und auf spielerische Weise kann miteinander geübt werden. Vielleicht können auch die Großeltern oder Freunde zum Kochen und anschließenden Essen eingeladen werden.

Ein Fest, das nicht stattgefunden hat

Ein Mann und eine Frau liebten sich von ganzem Herzen und wollten heiraten. Sie hatten nur wenig Geld und konnten kein großes Fest veranstalten. Sie wollten aber mit ihren Freunden und Verwandten feiern und sich freuen. So baten sie alle Gäste, zum Fest eine Flasche Wein mitzubringen. Sie dachten: „Wenn jeder einen kleinen Teil beiträgt, ist das für niemanden eine Belastung. Wir werden am Eingang ein großes Fass aufstellen, in das jeder seinen Wein gießen kann, so können wir miteinander feiern, und jeder hat etwas Kleines zu unserem Fest beigetragen."
Die beiden freuten sich auf ihr Fest, und als die ersten Töne der Hochzeitsmusik erklangen, gingen die Kellner zum großen Fass und füllten ihre Krüge mit Wein, um sie zu den Tischen zu bringen. Doch welches Staunen und Erschrecken erfasste alle, als sich im Fass kein Wein, sondern Wasser befand! Alle hatten gedacht: „Diese eine Flasche Wasser, die ich in das Fass leere, wird keiner merken, und ich kann auf Kosten der anderen das Hochzeitsfest genießen." Mit einem Mal wurde allen bewusst, dass eben jeder so gedacht hatte. Die Gäste schämten sich und fühlten sich unsicher. Als um Mitternacht die Musik verstummte und alle nach Hause gingen, fühlte jeder: „Eigentlich hat das Fest gar nicht stattgefunden."

(nach einem chinesischen Märchen)

Allerheiligen

Am Allerheiligentag gedenken wir aller Heiligen. Dabei werden aber nicht nur jene Heiligen bedacht, die „heiliggesprochen“ wurden, sondern auch all jene, um deren Heiligkeit vielleicht niemand anderer als Gott selbst weiß. Es ist eine Tradition, für den Allerheiligentag die Gräber der Verstorbenen besonders schön zu schmücken und viele Kerzen anzuzünden. In vielen Pfarrgemeinden findet am Nachmittag des Allerheiligentages eine Gräbersegnung statt, bei der besonders an die Verstorbenen der Familie gedacht wird. Im englischsprachigen Raum hat sich mehr und mehr das Halloweenfest durchgesetzt. Das Wort Halloween kann von „All Hallows Eve“ abgeleitet werden, was so viel bedeutet wie der Vorabend des Allerheiligentages.

Patengeschenk

In manchen Regionen erhalten Kinder (bis zum Firmalter) zu Ostern und zum Allerheiligenfest ein kleines Geschenk von ihren Paten. Meistens handelt es sich hierbei um Kleidung oder Spielsachen. Oft wird auch ein besonderes Gebäck dazugelegt. Umgekehrt gibt es auch die Tradition, dass Kinder ihrem Paten ein Gebäck vorbeibringen.

Allerheiligenstriezel

Dieses Hefegebäck wird traditionell vom Kind an den Paten geschenkt, kann aber auch zur Kaffeejause nach dem Gräberbesuch am Allerheiligennachmittag von der ganzen Familie gegessen werden.

Was benötigt wird:

- 500 g Mehl
- 20 g Hefe
- 60 g Zucker
- 1 TL Salz
- Zitronenschale
- 2 Eidotter
- 60 g Butter
- Rosinen
- Hagelzucker oder Mandelblättchen

Wie es gemacht wird:

Die Hefe wird in eine Vertiefung im Mehl gegeben und mit etwas warmem Wasser angerührt, dann mit Mehl bedeckt. Es wird gewartet, bis sich Risse auf der Masse bilden. Dann werden alle weiteren Zutaten hinzugefügt und alles gut miteinander verknetet. Danach muss der Teig so lange ruhen, bis er seine doppelte Größe erreicht hat. Nun werden aus dem Teig vier gleich lange Rollen geformt und miteinander zu einem Zopf verflochten, mit etwas Hagelzucker bestreut und im vorgeheizten Rohr bei etwa 170° C für ca. 30 Minuten gebacken.

Zapfenkranz

Gerade bei herbstlichen Spaziergängen können immer wieder Fichten- oder Kiefernzapfen im Wald gesammelt werden. Diese können dann mit Heißkleber aneinander oder auf einen Strohkranz geklebt werden. Der Zapfenkranz kann zusätzlich mit Trockenblumen verziert werden – auch ist es möglich, in seine Mitte eine Blume zu pflanzen (z. B. Erika oder Chrysanthemen) oder eine dicke Stumpenkerze oder ein Grablicht zu stellen.

Namensheiligen-Dank

Der Allerheiligentag bietet sich an, um sich näher mit dem persönlichen Namensheiligen auseinanderzusetzen. Zahlreiche Bücher, aber auch das Internet, lassen eine Fülle an Informationen über den Namenspatron finden. Zu Ehren des Heiligen, der auch als Beschützer des Namensträgers gilt, kann eine Kerze entzündet werden, auf welche zuvor der Name mit Wachs aufgeklebt wurde.

Allerseelen

Der Allerseelentag ist jener, an dem an alle Verstorbenen gedacht wird, vor allem an all jene, die noch auf ihre Aufnahme ins ewige Leben warten. Für sie kann am Allerseelentag ganz besonders gebetet werden. In vielen Pfarrgemeinden werden für jeden Verstorbenen des vergangenen Jahres (seit dem letzten Allerseelentag) Kerzen zu ihrem Gedächtnis entzündet. Als Familie ist es üblich, an diesem Tag Gräber der Familie zu besuchen, Kerzen anzuzünden und auch Blumen zum Grab zu bringen.

Familienerinnerungen sammeln

Wenn alte Fotos vorhanden sind, können diese am Allerseelentag einen besonderen Stellenwert erhalten. Diese Bilder werden mit Namen versehen, und alle bekannten Informationen werden gesammelt – am besten lässt sich dies in einem Fotoalbum anlegen. So wird das Gedächtnis an Urgroßeltern und andere Vorfahren lebendig gehalten. Sie werden als Teil der Familie erlebt, was für das Verständnis der eigenen Wurzeln von großem Wert ist.

Verstorbenen-Gedächtnis

Eine Kerze, auf die die Namen der Verstorbenen der unmittelbaren Vergangenheit mit Wachsbuchstaben geklebt werden, kann jedes Jahr am Allerseelentag angezündet werden. Die Namen können immer wieder ergänzt werden. So bleiben die Verstorbenen unvergessen.

Mit Kindern über den Tod reden

Es ist nicht einfach, die richtigen Worte über das Sterben und den Tod zu finden. Die meisten Menschen haben Hemmungen, frei darüber zu sprechen. Kinder stellen aber oft sehr unvermittelt Fragen. Es ist jedoch nicht wichtig, genaue Antworten zu geben. Einem Kind zu sagen: „Ich weiß auch nicht genau, was nach dem Tod geschieht. Aber ich glaube an ein Leben bei Gott", zeigt ihm, dass es mit seiner Frage ernst genommen wird und dass Gespräche geführt werden können. Auch die Gegenfrage: „Was denkst du, was nach dem Tod geschieht?" kann erstaunliche Antworten bringen. Es ist gut, als Eltern zu zeigen, dass man nicht alles weiß, und mit den Kindern auch über Dinge zu sprechen, die schwer fallen.

Newweling-Kerze

Diese Kerze mit der Besonderheit, nur aus wachsüberzogenen Dochten zu bestehen, wird im Raum Mainz nur zu Allerheiligen/Allerseelen verkauft und brennt dann auf den Friedhöfen. Der Name leitet sich vermultich vom Wort „Nebel" ab, was auf die häufig trüben Wetterverhältnisse Anfang November verweisen könnte.

Das Segelboot

Ich stehe am Strand und beobachte ein Segelboot, wie es auf das blaue Meer hinausfährt. Das Boot mit den vom Morgenwind prall gefüllten Segeln ist schön und stark. Ich beobachte das Segelboot, bis es als kleiner, weißer Punkt dort verschwindet, wo das Meer am Horizont auf den Himmel trifft.
Jemand neben mir sagt: „Da geht das Schiff dahin", und ich frage: „Wohin?"
Das Boot verlässt nur unseren Sichtkreis, es ist aber immer noch genauso schön und stark mit seinen vom Morgenwind prall gefüllten Segeln wie vorher.
Im selben Moment, wie wir sagen „Da geht das Schiff dahin", sehen es andere Augen und sagen: „Da kommt ein Schiff."
Das ist Sterben.
(nach Charles Henry Brent)

Hl. Martin – 11. November

Der heilige Martin ist neben dem hl. Nikolaus vermutlich einer der bekanntesten Heiligen. Traditionen mit Laternenumzügen sind fast überall bekannt, und das Basteln von leuchtenden Papierlaternen ist schon im Kindergarten für jedes Kind ein Höhepunkt.

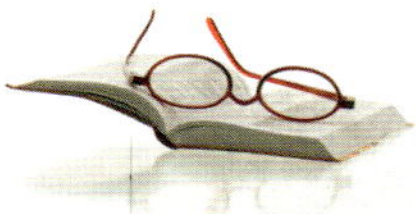

Legende

Martin wurde im Jahr 316 oder 317 in Italien geboren, wuchs aber als Sohn eines Militäroffiziers im heutigen Ungarn auf. Als Jugendlicher lernte er das Christentum kennen, nachdem er wieder nach Italien zurückgekehrt war. Es fiel ihm sehr schwer, seinem Vater in einer Militärlaufbahn zu folgen. Einmal war er im Winter auf seinem Pferd unterwegs und trug nichts als seine Kleidung und sein Schwert bei sich. Da begegnete er einem armen Bettler, der ihn um Hilfe bat. Viele Vorbeigehende beachteten den armen Mann nicht, der in der Kälte saß und fror. Martin war ratlos, wie er diesem Mann helfen konnte. Da nahm er seinen roten Wollumhang und schnitt ihn mit dem Schwert in zwei Stücke. Das eine gab er dem Bettler, um sich einzuhüllen, das andere behielt er für sich. Die umstehende Menschenmenge lachte, weil Martin mit dem halben Mantel lächerlich aussah – andere wiederum besannen und schämten sich, weil sie – obwohl sie mehr Möglichkeiten gehabt hätten, dem armen Bettler nicht geholfen hatten.

In dieser Nacht träumte Martin von Jesus Christus, der ihm in der Gestalt des Bettlers noch einmal begegnete. Dabei sprach er, wie Martin es auch schon in der Bibel gelesen hatte: „Was du dem geringsten meiner Brüder tust, das hast du mir getan." Martin spürte, dass er sein Leben ändern musste, und trat aus dem Soldatendienst aus. Er wollte sein Leben ganz Gott widmen und ließ sich zum Priester weihen. Später wurde er sogar Bischof von Tours. Sein ganzes Leben über war er für die armen Menschen da. Er kümmerte sich um ihre Sorgen und versuchte zu helfen, wo immer es ihm möglich war. Martin war ein sehr beliebter Priester und Bischof. Als er starb, begleiteten den Sarg viele Bewohner von Tours mit brennenden Kerzen zum Friedhof.

Martinsumzug

Am 11. November finden traditionell Martinsumzüge statt. Vor allem Kinder gehen in einer längeren Prozession zur Kirche, wo eine Andacht oder auch eine Messe zu Ehren des hl. Martin gefeiert wird. Oft wird die Szene mit dem Bettler, bei der Martin seinen Mantel teilte, nachgespielt. Anschließend an den Martinsumzug werden mancherorts auch Brezeln, Martinshörnchen oder Gänse aus süßem Teig verteilt.

Ich geh mit meiner Laterne

Text und Melodie: aus Norddeutschland

2. Der Martinsmann, der zieht voran,
   rabimmal, rabammel, rabumm.

3. Ein Lichtermeer zu Martins Ehr!
   Rabimmel, rabammel, rabumm.

4. Mein Licht ist schön,
   könnt ihr es sehn?
   Rabimmel, rabammel, rabumm.

5. Ich trag mein Licht, ich fürcht mich nicht,
   rabimmel, rabammel, rabumm.

6. Wie schön das klingt, wenn jeder singt,
   rabimmel, rabammel, rabumm.

7. Ein Kuchenduft liegt in der Luft,
   rabimmel, rabammel, rabumm.

8. Beschenkt uns heut, ihr lieben Leut',
   rabimmel, rabammel, rabumm.

9. Laternenlicht, verlösch mir nicht!
   Rabimmel, rabammel, rabumm.

10. Mein Licht ist aus, wir gehn nach Haus,
    rabimmel, rabammel, rabumm.

11. Der Mond behütet die Sterne,
    der Schäfer behütet die Schaf.
    Und ich behüt die Laterne,
    und Gott behütet den Schlaf.
    Ich geh zur Ruh, nun schlaf auch du,
    rabimmel, rabammel, rabumm.

Martinsgans aus Mürbteig

Die Martinsgans ist eine traditionelle Speise zum Martinsfest. Vor allem für Kinder ist es aber einfacher, eine Martinigans aus Mürbteig herzustellen und anschließend zu genießen.

Was benötigt wird:

- 300 g Mehl
- 150 g Butter
- 100 g Staubzucker
- 1 Ei
- 2 EL Milch

Wie es gemacht wird:

Die sehr kalte Butter wird auf das Mehl geraspelt und mit einem Messer im Mehl kleingehackt bzw. mit den Händen verbröselt. Mit den restlichen Zutaten wird alles zügig verknetet und der Teig anschließend in eine Folie gewickelt im Kühlschrank für mind. ½ Stunde kaltgestellt. Danach kann der Teig ausgerollt und aus ihm mit einer Gänseform Martinsgänse ausgestochen werden, die bei etwa 180° C im Ofen für ca. 5 – 10 Minuten gebacken werden, bis sie leicht hellbraun werden.

Martinslaterne aus einer Dose

Was benötigt wird:

- größere Konservendose
- Spitzbohrer (ähnlich einem Schraubenzieher, jedoch mit einer Spitze)
- Teelicht
- Draht und Stab

Wie es gemacht wird:

Mit dem Spitzbohrer werden Löcher in Form eines Motivs (z. B. Blätter, Sterne ...) in die Dose gebohrt, ebenso zwei einander gegenüberliegende Löcher am oberen Rand. Durch diese Löcher wird dann ein Draht durchgezogen und gut an den Enden verdreht, sodass er nicht aus den Löchern rutschen kann. Mit einem Stab, durch den der Draht führt oder um den dieser fest gewickelt ist, wird die Laterne getragen. Sie kann aber auch als Dekoration dienen und am Tisch oder im Freien einen Platz finden.

Apfelkerzendekoration

Was benötigt wird:

- Äpfel (relativ groß, evtl. rot)
- Entkerner
- Tafelkerzen

Wie es gemacht wird:

Die Äpfel werden entkernt, sodass in der Mitte des Apfels ein kleiner Tunnel nach unten entsteht. In diesen wird eine Tafelkerze gesteckt. Mehrere solcher Äpfel können in einer Reihe oder einem Kreis am Tisch aufgestellt werden und erinnern so an das Licht Martins, das er durch seine Nächstenliebe in die Welt gebracht hatte.

Das steinerne Herz

Ein Handelsreisender war sehr reich geworden, hatte aber immer noch nicht genug und wollte immer noch mehr verdienen. Als er eines Tages auf Reisen war, begegnete ihm ein seltsamer Mann.

„Möchtest du vielleicht reicher als alle anderen Menschen werden?“, fragte er ihn.

„Ja, sofort!“ rief der Handelsreisende. „Was muss ich tun, damit ich noch reicher werde?“

„Wenn du mir dafür dein Herz gibst, kannst du immer noch mehr Reichtum anhäufen“, sagte der Mann.

Der Handelsreisende tauschte ohne viele Gedanken sein Herz gegen einen kalten, schweren Stein. Dann verschwand der seltsame Mann. Mit den Jahren wurde der Handelsreisende immer reicher und reicher, aber auch immer einsamer. Eines Tages kam er wieder an den Ort, wo er Jahre vorher sein Herz verloren hatte. Dort traf er den Bischof Martin. Dieser war bekannt für sein gutes Herz, und er fragte den Handelsreisenden: „Warum bist du so traurig?“ Und der Mann erzählte ihm seine Geschichte. Bischof Martin tröstete ihn und sagte: „Du kannst wieder glücklich werden. Du musst nur den armen Menschen zeigen, dass dein Herz für sie schlagen will. Hilf ihnen mit deinem Geld. Geh zu denen, die krank sind und Hunger haben. Zeige ihnen, dass sie dir wichtig sind.“

Der Handelsreisende tat, was der Bischof ihm geraten hatte, und mit jeder guten Tat, jedem liebevollen Wort oder auch dem tröstenden Halten einer Hand schmolz der Stein in seiner Brost tatsächlich. Sein Herz kam wieder an den rechten Fleck. Als er starb, war aus diesem reichen Armen ein armer Reicher geworden.

(nach einer alten Legende)

Hl. Elisabeth – 19. November

Die hl. Elisabeth ist eine der bekanntesten heiligen Frauen. Ihr Mitgefühl mit kranken und mittellosen Menschen war außergewöhnlich. Sie ist heute die Patronin vieler caritativer Einrichtungen, die sich um Menschen in schwierigen Lebenslagen kümmern.

Legende

Elisabeth wurde im 13. Jahrhundert in Ungarn geboren, kam aber schon im Alter von 4 Jahren an den thüringischen Hof, um dort aufzuwachsen. Schon bei ihrer Geburt war sie dem ältesten Sohn der Grafschaft in Thüringen versprochen wurden. Im Alter von 14 Jahren heiratete sie Leopold von Thüringen, mit dem sie eine glückliche Ehe führte. Sie begleitete ihn oft auf Reisen, und die beiden hatten drei Kinder. Elisabeth war schon von Kindheit an sehr um Gerechtigkeit bemüht und konnte dem Reichtum ihres Adelslebens nicht viel abgewinnen. Ihr Mann zeigte viel Verständnis für ihre Anliegen, versuchte jedoch immer wieder, sie in ihrem Handeln zu bremsen. Einmal, so wird berichtet, war Elisabeth aus der Wartburg gegangen, um hungernden Menschen Brot in einem Korb zu bringen. Da begegnete sie ihrem Mann. Als dieser ein wenig ärgerlich fragte, was sich in dem Korb befände, und das Tuch, das darüber gelegt war, zur Seite schob, war das Brot in Rosen verwandelt worden. Als ihr Mann Leopold starb, wurde Elisabeth von den Verwandten am Hof sehr schlecht behandelt, und sie verließ die Wartburg, auf der sie gelebt hatte, gemeinsam mit ihren Kindern. Sie lebte in großer Armut, war jedoch glücklich, in dieser Einfachheit zu leben. Ihr Vermögen verwendete sie, um Armen zu helfen, und gründete ein Krankenhaus, in dem sie selbst als Krankenschwester arbeitete. Sie starb im Alter von 24 Jahren, nachdem sie selbst erkrankt war.

Elisabethrose

Was benötigt wird:

- Krepppapier (rot, rosa, pink)
- Bindfaden, evtl. Blumendraht

Wie es gemacht wird:

Aus dem Krepppapier wird ein langer Streifen (z. B. 35 x 15 cm) geschnitten und längs in der Mitte gefaltet. Danach wird dieser Streifen vorsichtig zusammengerollt und dabei immer am unteren (offenen) Ende gut festgehalten. Wenn der gesamte Streifen aufgerollt ist, wird die so entstandene Rosenblüte mit einem Faden fest zusammengebunden. Danach kann ein Stück Blumendraht zusätzlich um die Rose gewickelt und diese dann in eine Vase gestellt werden.

Barmherzigkeitssteine

Was benötigt wird:

- 7 Steine mit glatter Oberfläche
- Lackstift

Wie es gemacht wird:

Auf die Steine wird mit dem Lackstift jeweils ein Werk der Barmherzigkeit aufgeschrieben (Hungrige speisen, Durstige tränken, Fremde beherbergen, Nackte bekleiden, Kranke pflegen, Gefangene besuchen, Tote bestatten). Diese Steine können noch vor dem Beginn der Adventszeit ein Hinweis darauf sein, welche Taten der Nächstenliebe für jeden Einzelnen möglich wären und worauf wir bei unserem Handeln blicken sollten. Vielleicht können die Steine einen fixen Platz erhalten und so die Familie im Lauf des Jahres begleiten. Immer wenn ein Werk der Barmherzigkeit gelebt wurde, kann eine Rose dazugelegt werden.

Rosenbrot

Was benötigt wird:

- 500 g Weizenmehl
- 1 Päckchen Trockenhefe
- 1 EL Zucker oder Honig
- 120 ml Milch
- 250 ml Wasser
- 4 EL Öl
- 1 TL Salz
- Mohn, Sesam, Sonnenblumenkerne zum Bestreuen

Wie es gemacht wird:

Alle Zutaten werden miteinander vermischt und gut verknetet. Nachdem der Teig etwa auf die doppelte Größe aufgegangen ist, wird er in 6 Stücke geteilt und diese zu Kugeln geformt. 5 Kugeln werden rund um die 6. Kugel herum angeordnet und mit etwas Wasser aneinander festgeklebt. Die einzelnen Kugeln können mit Mohn, Sesam oder Sonnenblumenkernen bestreut werden. Nach dem Backen können die einzelnen „Rosenblätter" vom Rosenbrot ganz einfach getrennt werden, der ganze Rosenlaib kann in einem Korb auf dem Tisch stehen.

Vogelfutterkette

Wie sich Elisabeth um die Ärmsten der Armen gekümmert hatte, so ist es für Kinder eine gute Form der Nächstenliebe, in der Natur hilfsbereit zu sein. Gerade in den kalten, frostigen Wintermonaten kann selbstgemachtes Vogelfutter gute Dienste leisten. Eine Vogelfutterkette, die in einem Baum Platz finden, aber auch vor dem Fenster oder am Balkon gespannt werden kann, ist eine Möglichkeit, im Kleinen Gutes zu tun.

Dazu werden auf einen Baumwoll- oder Nylonfaden Hagebutten, Erdnüsse, Popcorn und Apfelspalten aufgefädelt. Die Kette kann immer wieder ergänzt oder ausgetauscht werden.

Vogelfutterherzen

Was benötigt wird:

- Lebkuchenausstecher in Herzform
- Backfett (Margarine)
- Vogelfuttermischung, Sonnenblumenkerne

Wie es gemacht wird:

In einer Pfanne wird das Backfett geschmolzen und die Vogelfuttermischung hinzugefügt – es ist wichtig, dass sich mehr Fett als Kerne in der Pfanne befindet. Inzwischen werden die Ausstechformen auf Alufolie, die auf einer hitzebeständigen Unterlage liegt, gelegt. Das Fett sollte langsam wieder fest werden, bevor es in die Ausstechformen gefüllt wird. Danach wird alles gut ausgekühlt und kann anschließend mit einem Bindfaden im Freien aufgehängt werden. Eine andere Möglichkeit ist, die Masse aus der Pfanne auf ein Tablett mit etwas erhöhtem Rand zu geben und dort auskühlen lassen. Sobald die Masse fest geworden ist, können mit den Ausstechern Vogelfutterherzen hergestellt werden.

Christkönigssonntag

Am Christkönigssonntag endet das Kirchenjahr. Das Fest wird seit der Zwischenkriegszeit (1925) gefeiert und betont die Herrschaft Jesu Christi. Gerade in einer Zeit, in der in Politik und Gesellschaft viele Umbrüche stattfanden, war dieses Fest ein Zeichen einer bewussten Hinwendung zu Gott. Auch heute hat das Fest eine besondere Bedeutung und kann dazu anregen, über eigene Wertigkeiten und Machtbedürfnisse nachzudenken.

Winterzeit im Jahreskreis

Der Winter ist jene Jahreszeit, mit der viele Menschen den Advent und Weihnachten verbinden. Manch einer denkt auch an Skiurlaub in den Bergen. Beides bedeutet nicht unbedingt Ruhe. Dabei wäre die Stille, die sich in der Natur zeigt, eine wunderbare Inspiration für das eigene Leben. Jedes Kind freut sich über Schnee, und auch für Erwachsene ist das funkelnde Glitzern der Schneekristalle im Sonnenlicht etwas ganz Besonderes.

Auch wenn es so scheint, als würde sich der Familienalltag nicht wesentlich ändern, so hat doch jede Jahreszeit ihre Besonderheiten: Die dicken Mäntel an der Garderobe und die warmen Stiefel, von denen Schneematsch tropft, erinnern schon beim Betreten eines Hauses daran, dass es Winter ist. Auch das Bedürfnis nach wärmenden Speisen, süßen Tees und die Freude am Riechen wohliger Düfte ist in der kalten Jahreszeit besonders spürbar.

Als Familie kleine Rituale im Winter zu entwickeln, kann dieser Jahreszeit einen besonderen Zauber verleihen: das

Feiern des ersten Schnees mit einem Spaziergang draußen im Freien, auch wenn es noch sehr früh am Morgen ist, oder der kleine Rodelausflug des Vaters mit den Kindern, während die Mutter sich in der warmen Stube einem guten Buch widmen kann – vieles ist denkbar. Wenn draußen alles ruhiger wird, sich selbst auch etwas zurückzuziehen und auf das zu besinnen, was in kalten Zeiten wirklich zählt, kann Kraft schenken und die Familie stärken.

Bastelarbeiten mit den Kindern, Spazierengehen im Treiben der ersten Schneeflocken, Zubereiten wärmender Speisen, das Einladen von lieben Menschen, das Hervorholen der warmen, wolligen Pullover und Handschuhe, ... vieles davon kann gemeinsam gemacht werden und ermöglicht so auch Gespräche über das, was den einzelnen Familienmitgliedern wichtig ist. So wie mit dem Christkönigssonntag ein neues Kirchenjahr beginnt, kann der Winter als Impuls genommen werden, in aller Ruhe in sich hinein zu hören und zu fühlen, was wirklich zählt.

Schnee genießen

Der Winter wird meist mit Schnee in Verbindung gebracht. Sobald der erste Schnee gefallen ist, sollte man ihn mit allen Sinnen genießen: Winterspaziergänge können unternommen, Schneemänner gebaut, Burgen und Schneekuchen mit sommerlichem Sandspielzeug gebacken werden.

Vogelfutterzapfen

Was benötigt wird:

- Fichtenzapfen
- Vogelfuttermischung
- Erdnussbutter
- Bindfaden

Wie es gemacht wird:

Ein Stück Bindfaden wird um den Zapfen gewickelt und festgeknotet, sodass dieser anschließend aufgehängt werden kann. Danach wird der Zapfen gut mit Erdnussbutter bestrichen und in der Vogelfuttermischung gewälzt. Der Futterzapfen kann dann sofort im Freien aufgehängt werden.

Duftorange

Was benötigt wird:

- Orangen
- Gewürznelken

Wie es gemacht wird:

Die Gewürznelken werden in eine Orange gesteckt, kunterbunt oder in Sternform o. ä. – vor allem für kleinere Kinder im Kindergartenalter ist dies eine sehr einfache Bastelarbeit, die zudem noch angenehm duftet.

Hängende Vogelfutterstelle

Nicht überall gibt es die Möglichkeit, ein richtiges Vogelhäuschen aufzustellen. Aber auch eine kleine Futterstelle, die in der Luft hängt, kann den Vögeln an kalten Wintertagen Erleichterung verschaffen. Dazu wird aus lufttrocknender Modelliermasse ein Vogel geformt, der mit einem Loch zum Aufhängen und mit einem weiteren Loch zum Befestigen eines Fadens an der Unterseite versehen wird – nach dem Trocknen muss er lackiert werden. Dann wird ein Band zum Aufhängen des Vogels durch das obere Loch gezogen und verknotet, am unteren Ende wird ebenfalls ein Band durch das Loch gezogen und einige Meisenknödel oder anderes Vogelfutter darangehängt bzw. mit dem Band verknotet. Nun kann die Vogelfutterstelle aufgehängt werden.

Winterduft für das Haus

Was benötigt wird:

- Blumendraht
- Erdnüsse
- Frische Mandarinenschalen
- Ausstechformen (z. B. kleine Sterne)
- Sternanis, Zimtstangen und ähnliche Gewürze

Wie es gemacht wird:

Aus den frischen Mandarinenschalen werden mit den Ausstechformen kleine Sterne u.ä. ausgestochen und etwas angetrocknet (z. B. auf dem Heizkörper). Danach werden Erdnüsse mit ein wenig Draht umwickelt, gefolgt von Anis, den Mandarinensternchen usw. – so entsteht eine winterliche Girlande, die ins Fenster gehängt werden kann und auch einen angenehmen Duft verbreitet.

Wärmender Apfelstrudel

Was benötigt wird:

- Blätter- oder Strudelteig (aus dem Kühlregal)
- ½ kg in Scheiben geriebene Äpfel
- 100 g Zucker
- 1 Päckchen Vanillezucker
- 100 g geriebene Mandeln
- 50 g Kokosflocken
- Zimt- und Nelkenpulver
- Rosinen nach Belieben

Wie es gemacht wird:

Die Zutaten werden alle miteinander vermischt und auf dem auf einem Backblech ausgerollten Teig verteilt. Der Teig wird zusammengeschlagen und mit etwas Wasser oder Milch bestrichen. Danach wird der Strudel bei etwa 180° C Heißluft gebacken. Sobald die Oberfläche des Teiges hellbraun wird, kann der Strudel aus dem Backrohr genommen und noch warm mit Staubzucker bestreut werden.
Der wärmende Apfelstrudel kann pur, aber auch mit warmer Vanillesauce, Schlagsahne oder etwas Vanilleeis genossen werden.

Rettich-Hustensaft

Der Winter ist meist die Zeit der Erkältungen. Vor allem Kinder werden häufig von Husten geplagt. Eine schonende und wohlschmeckende Linderung kann dabei ein ganz einfaches Rezept verleihen.

Was benötigt wird:
- Schwarzer Rettich
- Kandiszucker

Wie es gemacht wird:
Das obere Viertel des Rettichs wird mit einem Messer abgeschnitten, der untere Teil des Rettichs gut ausgehöhlt. Die Wand des Rettichs muss allerdings mindestens fingerdick bleiben. Danach wird in diese Öffnung Kandiszucker gefüllt und der „Deckel“ des Rettichs (das obere Viertel) wieder aufgesetzt. Im Laufe weniger Stunden löst sich der Zucker und vermischt sich mit den Wirkstoffen des Rettichs. Der Saft kann nun löffelweise eingenommen und der Kandiszucker immer wieder etwas nachgefüllt werden.

Wichtig ist es, den Saft nicht direkt vor dem Schlafengehen einzunehmen, da er stark schleimlösend wirkt.

Quellenverzeichnis

Piktogramme:
© Ursula Harper, München
© Palabra/Fotolia.de (Buch mit Lesebrille)

Fotonachweis:
S. 8 o: © Losevsky Pavel/shutterstock
S. 8 u: © Micha/Fotolia.de
S. 11: © Fyle/Fotolia.de
S. 13 o: © Michael Andre May/Pixelio
S. 13 u: © bluefox/shutterstock
S. 16 u: © romy mitterlechner/Fotolia.de
S. 18: © picsfive/Fotolia.de
S. 19: © Designer_Andrea/Fotolia.de
S. 20: © WavebreakmediaMicro/Fotolia.de
S. 21, 27, 64, 121 u, 267 o, 268 o: © Elena Schweitzer/Fotolia.de
S. 22: © Dmitry Bairachny/Fotolia.de
S. 23 o, 183, 226 o: © sonne fleckl/Fotolia.de
S. 23 u: © auremar/Fotolia.de
S. 25: © Fotofermer/Fotolia.de
S. 26: © AlexQ/Fotolia.de
S. 32 o, 186 o: © felinda/Fotolia.de
S. 34 li: © IoannisS/Fotolia.de
S. 34 re: © Alfgar/Fotolia.de
S. 34 u: © Andrew Kazmierski/Fotolia.de
S. 35: © mrpuiii/Fotolia.de
S. 37: © Rony Zmiri/Fotolia.de
S. 38: © Astrid Posch/Fotolia.de
S. 40, 41 o: © kryczka_d/Fotolia.de
S. 41 u: © creative studio/Fotolia.de
S. 42 o, 450, 160 o, 164: © Franz Josef Rupprecht, www.kathbild.at
S. 42 Mitte: © Jip Fens/Fotolia.de
S. 42 u, 267: © K.-U. Häßler/Fotolia.de
S. 43: © picture-alliance/epd
S. 44: © Marek Kosmal/Fotolia.de
S. 45 u: © Nino Cavalier/Fotolia.de
S. 49: © maunzel/Fotolia.de
S. 52: © Bertold Werkmann/Fotolia.de
S. 53, 141: © Malena und Philipp K./Fotolia.de
S. 54: © Erwin Wodicka/shutterstock
S. 55 o: © Bernd Jürgens/Fotolia.de
S. 58: © Light Impression/Fotolia.de
S. 59: © Svenja98/Fotolia.de
S. 61, 174: © Alex White/Fotolia.de
S. 66: © Goos_Lar/Fotolia.de
S. 72: © Turi/Fotolia.de
S. 73 o: © Eva Kahlmann/Fotolia.de
S. 74: © Ewa Brozek/Fotolia.de
S. 75: © eschwarzer/Fotolia.de
S. 77 o: © VRD/Fotolia.de
S. 78 (Sterne): © emmi/Fotolia.de
S. 83 u: © puje/Fotolia.de
S. 87: © Aamon/Fotolia.de
S. 89 u: © lFelix/Fotolia.de
S. 90, 91, 116 o: © Alexander Hoffmann/Fotolia.de
S. 92: © OutdoorPhoto/Fotolia.de
S. 93 o: © K.F.L./Fotolia.de
S. 93 u: © sandra zuerlein/Fotolia.de
S. 94: © Johanna Mühlbauer/Fotolia.de
S. 95: © Sebastien Fremont/Fotolia.de
S. 96 u: © by-studio/Fotolia.de
S. 98 o: © glen gaffney/Fotolia.de
S. 98 u: © René Metzler/Fotolia.de
S. 100: © 2windspa/Fotolia.de
S. 101: © waldbewohner/Fotolia.de
S. 102: © Carmen Steiner/Fotolia.de
S. 103: © Esther Hildebrandt/Fotolia.de
S. 104: © lily/Fotolia.de
S. 105 u: © Julie Hagan/Fotolia.de
S. 106: © volff/Fotolia.de
S. 107: © George Burba/shutterstock
S. 108: © Losevsky Pavel/shutterstock
S. 109 u: © bilderstoeckchen/Fotolia.de
S. 111 u: © Renaters/Fotolia.de
S. 114: © Pavel Kosek/shutterstock
S. 115: © Little_wine_fly/Fotolia.de
S. 117: © Olga Khoroshunova/Fotolia.de
S. 118, 129: © Angela/Fotolia.de
S. 119 o: © photoGrapHie/Fotolia.de
S. 121 o: © senoldo/Fotolia.de
S. 123 o: © Dan Race/Fotolia.de
S. 124 o: © sonne Fleckl/Fotolia.de
S. 130: © Heino Pattschull/Fotolia.de
S. 132: © scol22/Fotolia.de
S. 133: © Vitaliy Pakhnyushchyy/Fotolia.de

S. 134: © Yahia LOUKKAL/Fotolia.de
S. 136: © Hannes Eichinger/shutterstock
S. 139 o: © kernel/Fotolia.de
S. 140: © marilyn barbone/Fotolia.de
S. 142: © matttilda/Fotolia.de
S. 147 u: © marysa03/Fotolia.de
S. 158: © Kateryna Nikulina/Fotolia.de
S. 160 u: © Margit Power/Fotolia.de
S. 162: © Bernhard R./Pixelio
S. 165: © Carmen Steiner/Fotolia.de
S. 167: © Edgar Alvarado/Fotolia.de
S. 168: © picture-alliance
S. 170: © henryart/Fotolia.de
S. 171: © picture-alliance/Thomas Muncke
S. 172 u: © z576/Fotolia.de
S. 175 o: © Marion Neuhauß/Fotolia.de
S. 175 u: © Olaf Wandruschka/Fotolia.de
S. 176: © Glenda M. Powers/shutterstock
S. 180 u, 238 u: © Digitalpress/Fotolia.de
S. 181: © drubig-photo/Fotolia.de
S. 182: © Fotoimpressionen/Fotolia.de
S. 185: © Heidie Mulder/Fotolia.de
S. 186 u: © Christa Eder/Fotolia.de
S. 188: © MrSegui/Fotolia.de
S. 189 u: © Nick Freund/Fotolia.de
S. 194 u: © YaaL/Fotolia.de
S. 199 u: © Alex Kalmbach/Fotolia.de
S. 200: © Bo Hill/Fotolia.de
S. 202: © Irina Fischer/Fotolia.de
S. 203 o: © yarruta/Fotolia.de
S. 205 u: © sval7/Fotolia.de
S. 209 o: © Renáta Sedmáková/Fotolia.de
S. 209 u: © MP2/Fotolia.de
S. 210: © Andreas Gälle/Wikimedia
S. 212: © Martina/Fotolia.de
S. 214 o: © Maria Lanznaster/Pixelio
S. 214 u: © Rainer Sturm/Pixelio
S. 215 o: © Barbara Eckholdt/Pixelio
S. 215 u: © spanky1/Fotolia.de
S. 216 o: © nito/Fotolia.de
S. 218 o: © BeTe-Artworks/Fotolia.de
S. 219: © David Pruter/Fotolia.de
S. 221 u: © waltart/Fotolia.de
S. 224 o: © Cpro/Fotolia.de
S. 229 o: © Andrzej Estko/Fotolia.de
S. 230 o: © Team 5/Fotolia.de
S. 231 o: © Corinna Gissemann/Fotolia.de
S. 231 Mitte: © gandolf/Fotolia.de
S. 232 u: © Ivonne Wierink/Fotolia.de
S. 233 o: © Natalia Bratslavsky/Fotolia.de
S. 234: © FFCucina Liz Collet/Fotolia.de
S. 236 o: © Miredi/Fotolia.de
S. 238 o: © eyewave/Fotolia.de
S. 239 o: © ebraxas/Fotolia.de
S. 239 u: © Iurii Bondar/Fotolia.de
S. 242 u re: © wajan/Fotolia.de
S. 242 u: © evgeniy bokhach/Fotolia.de
S. 243: © Rolf Laube/Pixelio
S. 246 o: © Marius Necula/Fotolia.de
S. 248 u: © Rita Thielen/Pixelio
S. 249: © LianeM/Fotolia.de
S. 250: © Gabi Schoenemann/Pixelio
S. 251 o: © Marianne Mayer/Fotolia.de
S. 252 o: © mangostock/Fotolia.de
S. 254: © JWS/Fotolia.de
S. 255: © S. Hofschlaeger/Pixelio
S. 256: Verlagsarchiv
S. 257: © elena moiseeva/shutterstock
S. 258 o: © Olga Struk/Fotolia.de
S. 259: © eyewave/Fotolia.de
S. 260: © Klaus Rupp/Pixelio
S. 262 u: © eyewave/Fotolia.de
S. 263 u: © sunnyfrog/Fotolia.de
S. 264 o: © Varina Patel/Fotolia.de
S. 265 o: © Iva Villi/Fotolia.de
S. 265 u: © Kati Molin./Fotolia.de
S. 269 o: © babsi_w/Fotolia.de
S. 269 Mitte: © Irina Ukrainets/Fotolia.de

Alle übrigen Fotos: © Maria Radziwon

Bibliografische Information der Deutschen Nationalbibliothek
Die Deutsche Nationalbibliothek verzeichnet diese Publikation
in der Deutschen Nationalbibliografie; detaillierte bibliografische
Daten sind im Internet über http://dnb.d-nb.de abrufbar.

Besuchen Sie uns im Internet:
www.st-benno.de

Gern informieren wir Sie unverbindlich und aktuell auch in unserem Newsletter
zum Verlagsprogramm, zu Neuerscheinungen und Aktionen. Einfach anmelden
unter www.st-benno.de (newsletter@st-benno.de).

ISBN 978-3-7462-3462-5
Umschlagmotiv: © virinaflora/Fotolia (Illustration)

ISBN 978-3-7462-3563-9
Umschlagmotive, Vorderseite: © Yuri Arcurs/Fotolia (Hauptmotiv), © Maria Radziwon (2), © Erwin Wodicka/Shutterstock, © elena moiseeva/Shutterstock, © Digitalpress/Fotolia (von links nach rechts)
Umschlagmotive, Rückseite: © Hannes Eichinger/Shutterstock, © Maria Radziwon (2), © Wavebreak-mediaMicro/Fotolia (von links nach rechts)

Stammerstr. 11, 04159 Leipzig
Umschlaggestaltung: Ulrike Vetter, Leipzig
Gesamtherstellung: Arnold & Domnick, Leipzig (A)